U0147799

昌明文庫・悅讀人物

中華五千年
政治家評傳

曲相奎　主編

前　言
Preface

為了「弘揚中華當代主旋律，掀起少年國學熱旋風」，把中小學生讀物做得更全面，更適合他們積纍知識、提高閱讀能力，我們傾力打造了「中華歷史名人略傳」叢書。這是我們以中華五千年國學精髓為基點，由資深教育理論專家共同參與策劃，推出的當代青少年智慧閱讀經典叢書之一。

我們中華民族自古就是禮儀之邦，青少年兒童是我們偉大文明的繼承者。青少年教育要從我做起、從現在做起，引領他們去了解、學習、發揚中華民族的文化精髓，樹立他們「遵紀守法、公平正義、誠信友愛」的思想意識，時刻宣導他們弘揚當代主旋律。特別是在新時期，構建和諧社會，樹立少年兒童的社會主義榮辱觀顯得尤其重要。

傳承中華國粹，弘揚傳統文化。傳統文化的復興必須從孩子們身上著手，培養他們「天下興亡，匹夫有責」的愛國情操；「己所不欲，勿施於人」的待人之道；吃苦耐勞、勤儉持家、尊師重教的傳統美德，中華文明才能世代相傳。

中華上下五千年的歷史，其實就是一幕幕人間的活話劇，這些名人不但用自身的人格魅力影響著歷史的進程，而且還無時無刻不將我們的華夏文明傳播四方。由此可見，如何挖掘和發揚傳統文化，古為今用，成為當代教育所面臨的重要課題。

「中華歷史名人略傳」叢書將中華上下五千年的中國歷史名人，

選擇經典代表性的人物進行了分門別類，共分為五大名家，其中包括政治家、思想家、軍事家、文學家、科學家。同時，書中將他們的思想、行為、所取得的成就及歷史評價進行了深入的剖析和解讀。

「中華歷史名人略傳」叢書，故事通俗易懂，會使讀者耳目一新，受益匪淺，一定會成為當代青少年最喜愛的教育讀本。精彩的專家品析，也一定能成為當代關心孩子教育的家長們的良師益友。

中國古代政治起源於諸子百家，華夏五千年文明締造了無數傑出的政治家。對於古代政治家，評價他們主要集中體現在國計民生上，他們造福百姓、改革發展，對社會的發展及其後世均產生了深遠影響，安邦定國的思想為民族的振興和社會發展起到了不可估量的作用。

政治家，他們是我國歷史上的風雲人物，對推動歷史的發展起著很大的作用。本書對我國古代各大政治家及重大歷史事件進行了客觀描述，並對他們的決策得失及在歷史上的深遠意義進行評點，主要選擇的是為政的官員，不包括歷代君王。《中華五千年政治家評傳》一書，一定會成為當代青少年讀者的一本理想的歷史讀物。

由於編著者水準有限，時間倉促，書中缺點和錯誤在所難免，希望專家和讀者提出寶貴意見和建議，有待於我們今後編著過程中更加完善。

編　者

2012年3月

目次

Contents

目次

Contents

目　次

Contents

目　次

Contents

目　次

Contents

01 春秋第一相，革新霸業興

——管仲．春秋

生平簡介

姓　　名	管仲。
別　　名	夷吾。
出 生 地	中國春秋時期齊國潁上（今安徽潁上）。
生 卒 年	約公元前七二三或前七一六至前六四五。
身　　份	政治家。
主要成就	輔佐齊桓公創立霸業，著有《管子》。

名家推介

管仲（約公元前 723 或前 716-前 645），姓姬，春秋時期齊國潁上（今安徽潁上）人，又名夷吾，也稱敬仲。他是齊國著名的政治家、軍事家，在經濟、政治、軍事等許多領域都有卓越的建樹。

他輔佐齊桓公，被稱為「春秋第一相」。管仲擔任丞相期間，注重發展齊國經濟，反對空談，主張改革政治、經濟體制，以此來富國強兵。管仲提出「尊王攘夷」的治國策略，使齊國逐漸強大，成為春秋時期的霸主。

管仲的言論見於《國語．齊語》，另有《管子》一書傳於後世。

名家故事

公元前六九八年，齊僖公駕崩，留下三個兒子，太子諸兒、公子糾和小白。太子諸兒繼位，稱為齊襄公。當時，管仲和鮑叔牙分別輔佐公子糾和公子小白。

不久，齊襄公與他的妹妹魯桓公的夫人文姜秘謀私通，殺了魯桓公。對此，具有政治遠見的管仲和鮑叔牙都預感到齊國將會發生大亂。管仲就保護公子糾逃到魯國去躲避，而鮑叔牙則和公子小白避難到了莒國。果然不出二人所料，齊國貴族公孫無知殺死齊襄公，自立為國君不到一年，齊國貴族又殺死公孫無知，齊國沒有了君王，一片混亂。兩個逃亡在外的公子一見時機成熟，都急忙設法回國，以便奪取國君的寶座。

公子小白先得到消息出發回國。管仲聽說後，急忙帶領兵車到莒國通往齊國的路上去截擊公子小白。管仲刺殺小白失敗，公子小白到達齊國都城，並順利地登上君位，這就是歷史上有名的齊桓公。

齊桓公繼位後，急需找到有才幹的人來輔佐，因此準備請鮑叔牙出任齊國丞相。鮑叔牙誠懇地對齊桓公推薦管仲，在鮑叔牙的極力推薦下，齊桓公召見管仲，首先把想了很久的問題擺在管仲面前：「你認為現在我們齊國可以安定下來嗎？」管仲直截了當地說：「如果你決心稱霸諸侯，齊國就可以安定富強，你如果要安於現狀，齊國就不可能安定富強。」齊桓公又問管仲：「我想使齊國富強、社稷安定，要從什麼地方著手？」管仲回答說：「必須先得民心。」「怎樣才能得民心？」齊桓公接著問。管仲回答說：「要得民心，應當先從愛惜百姓做起。國君能夠愛惜百姓，百姓就自然願意為國家出力，而國君要想做到愛惜百姓，就得先使百姓富足，百姓富足後國家得到安定。通常講，安定的國家常富，混亂的國家常貧，就是這個道理。」齊桓公又問：「百姓已經富足安樂，軍隊和武器不足又該怎麼辦？」管仲說：「兵在精不在多，兵士的戰鬥力要強，士氣必須旺盛。士氣旺盛，這樣的軍隊還怕訓練不好嗎？」齊桓公又問：「士兵訓練好了，如果財力不足，還需要怎麼辦？」管仲回答說：「要開發山林、鹽業、鐵業，發展漁業，增加國家財源。發展商業，獲取天下物產，互相交易，從中收稅。這樣財力自然就增多了，軍隊的開支不就可以解決了嗎？」經過這番討論，齊桓公心情興奮，接著問管仲：「兵強、民足、國富，就可以爭霸天下了吧？」但管仲嚴肅地回答說：「不要急，還不可以。爭霸天下是件大事，切不可輕舉妄動。當前迫切的任務是要百姓休養生息，讓國家富強、社會安定，不然很難實現稱霸的願望。」

由於管仲系統地論述了治國稱霸之道，使齊桓公的全部問題都迎刃而解，不久，齊桓公就任命管仲為相國，主持政事，齊桓公為表示對管仲的尊崇，稱管仲為仲父。

管仲做了齊國相國後，根據當時形勢，對齊國進行了一系列改革。行政方面：劃分和整頓行政區域和機構，制訂三官制度，使全國形成統一的整體。軍隊方面：管仲強調寓兵於民，把保甲制和軍隊組織緊密結合起來，每年春秋通過狩獵來訓練軍隊，提高了軍隊的戰鬥力。經濟方面：管仲提出了根據土地的好壞不同，來徵收多少不等的賦稅。這樣使賦稅負擔趨於合理，提高了人民的生產積極性。提倡發展經濟，積纍財物，發展商品流通，觀察年景，根據百姓的需求，來收取糧食和物品。又規定國家鑄造錢幣，發展漁業、鹽業，鼓勵與其它各諸侯國的貿易，齊國經濟開始繁榮起來。

由於管仲推行改革，齊國出現了民足國富、社會安定的繁榮局面。於是，齊桓公對管仲說：「現在咱們國富民強，可以會盟諸侯了吧？」管仲勸阻說：「當今諸侯，比齊國強大的有很多，但是他們自逞英雄，不把周天子放在眼裏，周王室雖然已經衰敗，但仍是天下共主。周朝自東遷洛陽以來，諸侯不去朝拜，不知尊重周天子。你要是以『尊王攘夷』號召各國諸侯，各國諸侯必然望風歸附。」管仲的「尊王攘夷」，就是尊重周朝王室，承認周天子共同領袖的地位，聯合各個諸侯國，共同抵禦戎、狄等異族部落對中原的侵擾。

齊桓公採納了管仲的「尊王攘夷」政策，使齊國的霸業更加合法合理，齊桓公終成春秋時期的霸主。

專家品析

管仲的一生，不僅建立了彪炳史冊的功勳，還給後世留下了一部以他名字命名的巨著《管子》。書中收錄了他的治國思想，對後世影響深遠。管仲是位出色的政治家，他主張依法治國，提出了國家的安定與否、人民的守法程度，直接影響到經濟的發展。

管仲思想中有不少可貴的地方，他主張尊重民意，他的政治思想對後世影響很大。當然，管仲是春秋時代的歷史人物，所以他也有歷史的局限性。

政治主張或政論著作

《管子》一書，是記錄我國春秋時期齊國政治家管仲言行事蹟的著作。《管子》七十六篇，分為八類：〈經言〉九篇、〈外言〉八篇、〈內言〉七篇、〈短語〉十七篇、〈區言〉五篇、〈雜篇〉十篇、〈管子解〉四篇、〈管子輕重〉十六篇。

《管子》在先秦諸子百家中佔有十分重要的地位，是研究古代政治、經濟、法律等各方面思想的珍貴資料。

02 豐年蕃庶盛，循吏第一臣

——孫叔敖·春秋

生平簡介

姓　　名	孫叔敖。
字	孫叔。
出生地	春秋時期楚國期思（今河南固始）。
生卒年	約公元前六三〇至前五九三。
身　　份	政治家。
主要成就	主持興修了芍陂（今安豐塘）水利工程。

名家推介

孫叔敖（約公元前 630-前 593），名敖，字孫叔，春秋時期楚國期思（今河南固始）人。楚國名臣，傑出的政治家，官拜令尹（丞相）。

孫叔敖為政期間重視民生經濟，積極發展生產、興修水利、開發礦產資源，改善了楚國農業生產條件，增強了國力，使楚國成為百姓富足、人民安居樂業的全盛國家。司馬遷的《史記·循吏列傳》評他為循吏第一人。

名家故事

孫叔敖，出生在小官吏家庭。十幾歲時，父親去世，母子倆在期思郊外相依為命，過著貧窮卻很快樂的生活。

孫叔敖雖然家境貧寒，但從小志向遠大。他一邊幫助母親耕地種田，一邊刻苦讀書。皇天不負苦心人，沒過幾年，他就成了當地品學兼優的少年才俊。人們敬重他的品德，欽佩他的學識，後來名氣越來越大，不僅老百姓認識他，連官府、朝廷裏的達官貴人也都對他刮目相看。

楚莊王繼位後，要振興楚國政治、經濟，一心想成為諸侯的霸主，於是廣招賢才。此時的孫叔敖便成了關注的焦點，於是，當時擔任令尹的虞丘向楚莊王推薦孫叔敖代替自己做令尹。

於是，莊王派虞丘把孫叔敖請到國都，親自和他討論國家大事，結果，孫叔敖關於安邦治國的見解讓莊王佩服得五體投地。三個月後，楚莊王根據虞丘的請求，任命孫叔敖為楚國的令尹。

孫叔敖做了楚國的令尹後，楚國的官吏和百姓都來祝賀他。有一個老人，披麻戴孝來到他的府邸。孫叔敖穿戴整齊接見了他，對老人說：「楚莊王讓我擔任令尹這樣的高官，人們都來祝賀，只有您這般模樣來見我，一定是有什麼話要指教吧？」老人說：「是有話說，當了大官，驕傲自滿，百姓就要離開他；職位高，若大權獨攬，國君就會厭惡他；俸祿優厚，卻不滿足，禍患就會降到他身上。」孫叔敖向老人拜了兩拜，說：「我誠懇地接受您的指教，還想聽聽您其餘的意見。」老人說：「地位越高，越要謙恭；官職越大，越要謹小慎微；俸祿已很豐厚，就不應索取分外財物。你若嚴格地遵守這三條，就能把楚國治理好。」孫叔敖回答說：「您說得非常好，我定會牢記在心！」從此，作為楚國丞相，他雖大權在握，一人之下、萬人之上，但輕車簡從，吃穿儉樸，成為當時諸侯國中最為廉政的高官。

他為官極為重視民生、經濟，制定、實施有關政策法令，盡力使農、工、商都按照正常的軌跡運行發展。

當時，楚國流通的是貝殼形狀的銅幣，叫做「蟻鼻錢」。楚莊王年輕，總嫌它重量太輕，下令將小幣鑄成大幣，老百姓卻覺得不方便，特別是商人們更是蒙受了巨大損失，紛紛放棄商業經營，這使得市場很快蕭條。市民們都不願意在城市里居住謀生了，更為嚴重的是影響到了楚國的經濟發展和社會安定。

孫叔敖知道後，就去見莊王，請求他恢復原來的幣制。莊王答應了，結果三天後，市場又恢復到原來的繁榮局面。

芍陂，現在的名字叫安豐塘，位於壽縣城市三十公里處，距今已有二千五百多年的歷史，是我國最古老而又著名的水利工程，曾被譽為「水利之冠」。自古至今，它對淮河以南地區的灌溉、航運、水產養殖、屯田駐軍等方面，起到了很大作用。人們一提起它，就會聯想到這個水利工程的設計者和興造者——孫叔敖。

孫叔敖當政以後，根據當時外患內擾、連年戰亂、周朝的政令荒廢、百業待興的局面，把息兵安民，除患興利、發展生產、致富百姓、當作治國政策上書給楚莊王。當時，淮河以南的壽春，是楚國的主要糧食產地之一，這裏的糧食供應，對百姓的安定和軍隊糧食的供給都起到重大的作用，為此楚莊王採納了孫叔敖興修水利的國策。

當時，淮水流域常常鬧水災，影響了農業的發展。生長在水鄉的孫叔敖深知水患給農業帶來的災難，給人民造成的損失。於是他確立制度，定立軍法，親自設計建造了淮河流域的水利工程。他在淮河以南、淠河以東，察看了大片農田的旱澇情況，又沿淠水而上，爬山越嶺，勘測了來自大別山的水源。通過實地考察，他決定在淮南一帶，徵集民力，疏溝開渠，窪地除澇，高地防旱。芍陂原本是一片低窪地，孫叔敖發動數十萬農民，修築堤堰連接東西山嶺，開鑿水渠引來河水，挖掘出了一條特大的人工湖，設計水閘調節水量，既防水患又可以灌溉農田，根據南高北低的地形特點，上引下控水流，合理布置工程，大規模圍堤造陂。此工程長達一百二十里，引來龍穴山、淠河的水源，使下游一千三百多平方公里的淠東平原上，數萬公頃農田得到灌溉。當時，芍陂的興建，適應國情，深得民心，對繁榮楚國經濟、屯田積糧、安撫百姓以及軍隊供給等方面都起到了一定作用。

專家品析

孫叔敖的芍陂水利工程，功施當代，恩澤後世。兩千多年後，芍陂已成為中國重點文物保護單位。曾有名人吟詩贊說：「楚相千秋業，芍陂富萬家。豐功同大禹，偉業冠中華。」他開鑿「芍陂」的水利工程，為後世的水利發展做出了卓越貢獻。

孫叔敖雖貴為令尹，功勳蓋世，但一生清廉儉樸，他的高尚品格，為後人所褒炳，成為後世為政者的楷模。

政治主張或政論著作

厚施薄取，勤政廉儉。

奉職循理，為政之先。

施教於民，布政以道。

寬刑緩政，發展經濟。

03 忠以為國身，商以致富民

——范蠡．春秋

生平簡介

姓　名	范蠡。
別　名	陶朱公、鴟夷子皮。
出生地	楚國宛（今河南南陽）。
生卒年	約公元前五三六至約前四四八。
身　份	政治家、軍事家、實業家。
主要成就	幫助句踐滅吳，儒商鼻祖。

名家推介

范蠡（約公元前 536-約前 448），字少伯，楚國宛（今河南南陽）人。春秋末期著名的政治家和實業家，後人尊稱他為「商聖」。

他博學多才，深謀遠慮，親自導演了一幕弱女救國的巾幗傳奇故事，讓歷史記錄了一位深明大義、流芳千古的美女——西施。

他幫助越王句踐滅掉吳國，功成名就之時激流勇退。他三成富甲，又三散家財，後人也叫他陶朱公。他是我國儒商的開山鼻祖，後人褒歎他：「忠以為國，智以保身，商以致富，成名天下。」

名家故事

滿腹經綸的范蠡生活在當時政治黑暗的楚國，因為不是貴族出身，所以做不了官，真是空有報國之志，苦無報國之門。為此范蠡特別鬱悶，行為處事總是不合常理，人們認為他行為怪異，說他瘋瘋癲癲，當時被譽為「楚國狂人」，鄉鄰們都喊他「范瘋子」。

楚荊王繼位時，楚國名士文種做了楚國的大夫，聽說范蠡青年才俊，就派人拜訪他。派去的人回來說：「范蠡行為怪異，瘋瘋癲癲不值得邀請。」文種卻說：「一個有才能的人，外表的瘋狂是用來掩蓋他的賢德，正所謂大智若愚。」此後多次派人拜訪，范蠡都避而不見。於是文種親自拜訪，來到范蠡家，見大門緊閉，正要下車，忽見院牆下一個破洞裏，有個人蓬頭垢面，趴在那裏衝著他學狗叫。手下人告知：「這就是范蠡。」眾鄉鄰都圍著看熱鬧。手下人怕文種難堪，忙用寬大的衣袖把洞遮住。文種卻說：「我聽說狗只對著人叫，他對著我學狗叫，意思是說我是個人，這是看得起我呀！」於是下車便拜，范蠡看也不看，文種只好悄然離去。第二天，范蠡對哥哥嫂子說：「今天將有賢人來拜訪我，借給我一套乾淨衣帽。」剛梳洗穿戴完畢，文種果真來了，兩人交談後，都覺得相見恨晚，從此結為忘年之交。

當時，楚國的政治異常黑暗，有識之士無法實施自己的抱負，兩人決定離開楚國，投奔賢明君主，建立宏圖偉業。此時，伍子胥也離開了楚國投奔吳國，於是范、文兩人來到越國，並得到越王的重用，成為越王句踐的左膀右臂。

越王句踐三年，想攻打吳國，范蠡勸阻不聽，結果大敗，句踐被圍困在會稽山上，越國面臨亡國的危險，范蠡出計，讓文種去議和，吳王夫差不答應，後來通過賄賂吳國太宰伯，使議和成功，越國國家雖保住了，但越王句踐必須到吳國做人質。

句踐在范蠡的謀劃下，從公元前四九二年起到吳國給夫差當奴僕，被關在石城做苦力。三年後，夫差動了惻隱之心，準備放句踐回越國，吳國大臣伍子胥看出破綻，堅決反對，吳王一意孤行，將句踐放回。回國後句踐委託范蠡建造都城，而自己每晚睡在柴垛上，在房門口掛一個苦膽，每天都要舔一舔，這就是「臥薪嚐膽」典故的由來。越王句踐念念不忘復仇，勵精圖治，不近女色；對外繼續討好吳王。范蠡深知吳王夫差好色，為消磨他的鬥志，麻痺他的神經，投其所好，向句踐獻策用美人計瓦解對方。於是他在全國遍尋美女，在二十多個美女中，范蠡親自選出了容貌絕佳的女子——西施。她容貌之美，方圓皆知，而且深明大義，堪稱巾幗英雄。西施與范蠡幾經交往，相互愛慕，但為了越國，西施答應前往吳國。於是，范蠡先帶西施前往越國國都，城中的百姓聽說西施貌美，紛紛想一睹芳容。

范蠡見人多擁擠，道路堵塞，心生一計，既可以疏通交通又可以炒作。便將西施安排到城外，派人散佈說：「要看西施一面，必須先交納金錢一文。」就這樣，西施在郊外停留三天，收到金錢無數，范蠡將錢運交越國國庫。

范蠡把西施送給吳王，夫差的喜歡那是不必說了，對她寵幸有加，不但為她修建了館娃宮，還修建了姑蘇臺，他們在姑蘇臺上飲酒作樂，夫差逐漸不理朝政，朝綱日益敗壞。

公元前四七六年，在范蠡和文種的操持下，越國經過了十年的休養生息，終於滅掉了吳國。句踐乘勝追擊，揮師北上，與眾諸侯會盟於徐州，句踐成為春秋時期的霸主。凱旋而歸後，句踐擺宴祝賀，群臣歡歌笑語。席間，句踐卻面無喜色，范蠡歎道：「越王不想分功於大臣，只能共苦，不能同甘，我若不走，必有不測。」第二天，范蠡向越王辭別，句踐說：「滅吳興越，你功不可沒，現在天下太平，我正要與你共用富貴，為何要走？你既然不能為我所用，我要殺掉你。」范蠡說：「臣的生死都在大王一人身上，但臣去意已決。」於是范蠡在夜間悄悄出走，後來從商，成為商業經營的高手。

專家品析

范蠡有治國理財的韜略，他提出的以百姓利益為出發點的物價政策和平定物價的經濟主張，使越國逐漸強大起來，不愧是我國古代治國理財的傑出政治家的典範，被譽為「治國良臣，兵家奇才，商人始祖」。另外，他能在功成名就之時激流勇退，為官場中人樹立了一個既能入朝建功、又能下野善終的榜樣，被後世為官者奉為楷模。

政治主張或政論著作

范蠡是「治國良臣、兵家奇才、華商始祖」。政治謀略主要表現在：一是含垢忍辱，以屈求伸；二是撫民保教，守時待機；三是無予不取，反為之災；四是明知進退，棄政從商。

04 商鞅變秦法，改革創業君

——商鞅・戰國

生平簡介

姓　　名　商鞅。

別　　名　衛鞅、公孫鞅、商君。

出 生 地　衛國（今河南安陽市內黃梁莊鎮一帶）。

生 卒 年　約公元前三九五至約前三三八。

身　　份　政治家，思想家，先秦法家代表人物。

主要成就　商鞅變法，著有《商君書》。

名家推介

商鞅（約公元前 395-約前 338），姬姓，衛氏。又稱衛鞅、公孫鞅。衛國（今河南安陽市內黃梁莊鎮一帶）人。戰國時期政治家、思想家，先秦法家代表人物。

商鞅是在秦孝公求賢令發出後進入秦國的，說服秦孝公變法圖強。在秦國執掌丞相二十餘年，從公元前三五六年至前三五〇年，曾兩次大規模地推行變法，史稱「商鞅變法」，使秦國大治，長期凌駕於山東六國之上。秦孝公死後，他受到貴族誣害以及惠文王的猜忌，被車裂處死。

名家故事

戰國初期，作為西方大國的秦國，秦孝公的「求賢令」發佈之後，迅速在諸侯國中引起轟動。魏國的商鞅決定到秦國發展，實現自己的人生抱負。

在秦國寵臣景監的引薦下，商鞅見到秦孝公。由於不知道秦孝公的真實想法，初次見面，他試探性地從三皇五帝講起，還沒說完，秦孝公便打起了瞌睡。事後，秦孝公怒斥景監：「你推薦的什麼人，就知道誇誇其談。」

商鞅聽說後反而高興了：「知道原來秦公的志向不在帝道。」第二次見面，他改換套路，從王道仁義講起，秦孝公的興致比前一次有所好轉，但還是哈欠連天。商鞅更高興了：「孝公的志向也不在於王道。」

於是，第三次見面，商鞅劈頭就問：「當今天下四分五裂，您難道不想開疆拓土，成就霸業嗎？」

孝公一聽，立刻來了興致，他要的就是霸業！聽著聽著，不由自主地向商鞅靠攏。最後，他激動地握住商鞅的手：「請先生教我如何稱霸諸侯？」於是，商鞅具體地闡述了振興秦國的韜略，提出了改革變法的新主張。於是，秦孝公拜商鞅為秦國丞相，主持變法。

說服了秦孝公，商鞅的強國大計只是銷售了一大半。秦國的重臣對變法還持懷疑態度，並一再地說商鞅的壞話，到處散佈謠言：「商鞅來自外國，根本不了解秦國的實際情況，國君不過是被他的花言巧語迷惑罷了。」

對此，秦孝公並不急於表態，要看看商鞅如何應付，如果他連大臣都說服不了，還如何推行變法？朝會上，商鞅和群臣展開了一場激烈的辯論。他儆仿先聖，歷數成敗君主，讓群臣知道凡是有作為的人必有所創造和超越，因循守舊必然導致衰亡，順應時勢才能大展宏圖，滔滔雄辯，說得眾大臣啞口無言。

變法政策雖然在朝廷內站穩了腳跟，但是，新法能否推行還要看老百姓的意見。商鞅親自來到國都南門，令人豎起一根三丈高的木頭，宣佈：能把木頭扛到北門者賞十金。「這可是重賞啊！」人群中一陣驚叫，卻無人問津。第二天，商鞅果斷地把賞金提高到五十金。終於有個年輕人來碰運氣，只見他輕鬆地把木頭搬到北門，眾目睽睽之下，商鞅當場兌現諾言。這下百姓深信不疑：商鞅是信守承諾的！

商鞅第一次變法在秦孝公六年（公元前 356 年），主要內容有：一、頒佈法律，制定連坐法。二、獎勵軍功，禁止私鬥，按軍功受賞，鼓勵作戰勇猛。三、獎勵發展農業生產的人，使秦國農業得到發展，國勢也更加強盛起來。

公元前三五〇年，商鞅實行了第二次變法，主要內容是：一、廢井田，開阡陌（阡陌就是田間的大路）。把寬闊的阡陌鏟平，種上莊稼，還把以前作為分界用的土堆、荒地、樹林、溝地等，也開墾起來，並歸開墾者所有，可以買賣。二、建立縣的組織。把市鎮和鄉村合併起來，組織成縣，由國家派官吏直接管理。三、遷都咸陽。為了便於向東發展，把國都從原來的櫟陽遷移到渭河北面的咸陽（今陝西咸陽市東北）。

這樣大規模的改革，傷害了貴族、大臣的利益，引起了激烈的鬥爭。儘管如此，新法畢竟使土地制度發生變化，開阡陌，除井田，治安管理加強了；什伍連坐，互相監督，貴族特權取消了；獎勵農耕，糧食生產增多了；從此，無論平民還是貴族，憑戰功授獎，立功多，就可富甲一方；軍隊也變成虎狼之師。商鞅變法為後來的秦國統一六國奠定了良好的基礎。

專家品析

商鞅變法以法律形式廢除了奴隸制的土地制度，肯定了封建土地所有制的合法性，打破了奴隸主世襲貴族的特權，確定了封建等級制度，發展壯大了地主階級的政治勢力。中央集權的實行，鞏固了地主階級的統治，方便了稅收，繁榮了封建經濟。

雖然商鞅被舊勢力所殺，但是後來秦惠王以及他的子孫都在實行新法。變法對秦朝的影響乃至中國封建社會的建立都起到了不可磨滅的作用，商鞅才是秦朝和封建制度建立的最大功臣，也是讓秦始皇擁有帝王巔峰的基石，更是歷史巨輪的真正推動者。

政治主張或政論著作

商鞅兩次變法的主要內容：一、獎勵軍功，按軍功授予官職。二、廢除分封，建立縣級制。三、制定什伍制度，實行連坐法。四、重農抑商，承認土地私有，統一度量衡。

05 千古第一相，輔佐秦始皇

——李斯．秦

生平簡介

姓　　名	李斯。
字	通古。
出 生 地	河南上蔡。
生　　年	公元前二八四至前二〇八。
身　　份	政治家。
主要成就	著有〈諫逐客書〉、〈泰山封山刻石〉、〈琅琊刻石〉等。

名家推介

李斯（公元前 284-前 208），姓李，名斯。戰國末年楚國上蔡（今河南上蔡西南）人。

李斯輔佐秦始皇統一六國，建立大秦，他是傑出的政治家，秦帝國建立後，成為開國丞相。

他殺韓非、焚書坑儒，特別是秦始皇死後，與趙高合謀，偽造遺詔，迫使始皇長子扶蘇自殺，立次子胡亥為二世皇帝。千秋功罪，後世褒貶不一。後被趙高所忌，於秦二世二年（前 208 年）被腰斬於咸陽鬧市，並被滅了三族。

名家故事

李斯來到秦國後，取得了呂不韋的信任，並被推薦為秦王嬴政的侍衛。他抓住時機，不斷地用自己的政治思想影響嬴政。嬴政雖然年輕，但雄心勃勃，胸懷大志，統一六國的思想與李斯不謀而合，李斯很快成為嬴政的心腹。

李斯受到重用後，制定了蠶食政策，各個擊破六國。僅僅十年間，先後滅了六國。謀士李斯的謀略功不可沒，建立了一統天下的大秦後，李斯坐上丞相的寶座。

秦統一後，丞相王綰提出由於國土面積陡然增大，一時難以管理，也應像周代那樣，封皇室諸子為王。群臣都贊同王綰的意見，只有李斯提出異議。他說：「文王、武王雖封很多子弟，但後來個個疏遠，互為仇敵，戰爭頻繁，周天子又無力制止。所以天下已經統一，只有實行郡縣制，才能使天下安寧。」李斯的想法又與嬴政一拍即合，於是，始皇把全國分為三十六郡，郡下為縣。

統一王朝建立後，為了進一步發展經濟，李斯上書秦始皇，廢除舊制，統一度量衡，在李斯的指揮下，秦國把度制、量制、衡制做了統一規劃，並在法制上採取相應措施，以保證準確實施。這是李斯的又一驚世之作，其影響不言而喻，幾千年來，無論朝代更迭變遷，這種計量方法從未更改過，時至今日，我們的生活當中依然還有它的身影。

公元前二二一年，秦始皇又接受李斯「書同文字」的建議，禁用古文字，一律以秦國小篆為統一書體。不久，李斯又採用了一種由奴隸程邈創造的一種書體——隸書，打破了篆書曲屈迴環的形體結構。從此，隸書便成為官方正式書體，篆書、隸書因其獨具一格，深受後人喜愛，在真、草、隸、篆四大書體中占居半壁江山，李斯之功，功及千秋。

公元前二二〇年，秦始皇漸感隱憂，龐大的中央集權在遼闊的疆域上政令實施起來不是特別順暢，物資交流不便，改變交通條件勢在必行。於是，李斯立刻建議統一車軌，修築馳道。就這樣，一場統一車軌、修築馳道的運動轟轟烈烈地展開了。

公元前二一〇年，秦始皇最後一次出遊，命喪沙丘之前，李斯上了最後一道重要奏摺：統一貨幣。同時，規定貨幣的鑄造權歸國家所有，私人不得鑄幣，違者定罪等。此舉被後人認定為經濟史上的創舉，由他主持鑄造的圓形方孔半兩錢，因其造型設計合理、使用、攜帶方便，一直沿用到清朝末年。

秦始皇死後，按照慣例，應由秦始皇長子扶蘇繼位。而中車府趙高極力想讓次子胡亥稱帝，最後，趙高軟硬兼施將李斯控制於掌股之間，秦二世元年（前 209 年），胡亥繼承了帝位，開始了更加殘酷的統治。

阿房宮的修建，把人民推向苦難的深淵。各地農民起義風起雲湧，李斯等人上書停建阿房宮，秦二世十分惱怒，下令將他逮捕入獄。李斯獄中多次上書，都被趙高扣留，並借機誣陷他與兒子李由謀反，對他進行嚴刑拷打，刑訊逼供，李斯被迫承認罪名，秦二世二年（前 208 年）七月被殺，誅連三族。

專家品析

李斯一生，基本上應用法家思想來治理國家。他以卓越的政治才能和遠見，輔助秦王完成了統一大業，順應了歷史發展的趨勢，在鞏固秦朝政權、維護國家統一、促進經濟和文化發展等方面做出了巨大貢獻。

司馬遷在《史記》中評價李斯時說：李斯作為一個普通平民輔助大秦，利用機遇和能力輔佐秦始皇成就霸業。如果不是因為種種無法讓人容忍的惡行（殺韓非、焚書、篡改聖旨）毀壞了他的聲譽，那麼他的功績可與周公、召公媲美。

政治主張或政論著作

尊稱秦王嬴政為始皇帝，開中國王朝皇帝稱謂的先河；制定禮儀制度；拆除郡縣城牆，銷毀民間兵器；反對分封制，堅持郡縣制；禁止私學；加強中央集權統治；制定法律；統一車軌、文字、度量衡制度等。

06 無為黃老術，治國安邦臣

——蕭何·西漢

生平簡介

姓　　名　蕭何。

諡　　號　文終侯。

出 生 地　沛縣（今江蘇沛縣）。

生 卒 年　？至前一九三。

身　　份　政治家。

主要成就　輔佐劉邦建立漢朝，著有《九章律》。

名家推介

蕭何（？-前 193），西漢初期政治家，漢初三傑之一，沛縣（今江蘇沛縣）人。

秦末，蕭何輔佐劉邦起義，劉邦為漢王，封他為丞相，並推薦韓信為大將軍。楚漢相爭時，留守關中，負責軍隊後勤供給，為劉邦戰勝項羽、建立漢朝做了保障。

漢代建立後，因勞苦功高被封為「贊侯」，列居群臣之首，在治國方面主張無為而治。高祖死後，輔佐惠帝。惠帝二年病死，諡號「文終侯」。

名家故事

蕭何年輕時在小沛任功曹，與劉邦年齡相近，性格相仿，倆人便成了莫逆之交。由於秦二世的暴政，各地農民起義紛至沓來，尤其是陳勝、吳廣起義，完全動搖了暴秦的統治。

在此形勢下，沛城父老要推舉劉邦為縣令，劉邦推辭，蕭何見狀，忽生一計，提出抓鬮來決定。共十名候選人，由蕭何做鬮。一切準備就緒後，蕭何又提議要劉邦先抓，由於眾望所歸，所以齊聲叫好。劉邦對天行禮之後，抓出一鬮，當眾展開，看到自己的名字，望著蕭何，還想推辭。蕭何見狀，忙上前將盤中剩餘的紙鬮抓起，放入口中嚼碎，然後高聲說道：「天意如此，何必推脫？」眾人歡聲雷動。劉邦無奈，只好答應。於是，他們便在縣衙大堂舉行了儀式，誓師起義，並按楚國舊制，稱劉邦為「沛公」。事後，當劉邦知道十個紙鬮全是自己名字時，深知蕭何用心良苦，內心十分感激。從此，蕭何跟隨劉邦南征北戰。

沛公劉邦率先領兵攻入咸陽後不久，項羽也率軍入關，並在同年二月自封為西楚霸王，為了阻止劉邦東進，他還把關中地區一分為三。項羽的險惡用心讓劉邦氣憤至極，有心與項羽決一死戰，無奈勢單力薄，只好採納蕭何、張良等人的建議，暫且忍耐，休兵養士，廣招人才，等待時機成熟再與項羽一爭高低。

此時韓信幾經周折，投至劉邦麾下，可是並沒有得到重用，一氣之下離開了漢營。蕭何得知後，未經劉邦允許，放下緊急公務，策馬追趕。此刻，劉邦正為軍中開小差的人日益增多而焦急，當有軍吏來報告說：「蕭丞相也跑了。」劉邦大驚失色說：「這還了得！我還有要事與他商議，軍中一日不可無他，快追他回來！」一連兩天不見蕭何的影子，劉邦坐立不安。

蕭何沿著韓信走的方向追了兩天，累得筋疲力盡，正想下馬休息，忽然遠遠望見韓信牽馬在河邊徘徊。頓時精神抖擻，快馬加鞭，大喊一聲：「韓將軍！韓將軍！」他下了馬，氣喘吁吁地說：「韓將軍，我們一見如故，怎能不辭而別？」韓信不吭聲，正在蕭何勸得乾舌燥之時，滕公夏侯嬰策馬趕到，兩人苦苦相留。最後達成共識：先回去，如果沛公再不聽勸告，三個人再一起走。韓信只好答應，第三天，三人回到軍中。

劉邦見到蕭何又驚又怒，道：「為什麼你也想逃跑？」蕭何說：「我不是逃跑，是去追逃跑的人去了。」劉邦問他：「你追的是誰？」蕭何答道：「韓信。」劉邦不以為然地說：「逃走的將軍有十多個了，也沒聽說你去追過誰，怎麼偏要去追韓信？」蕭何說：「韓信和他們不一樣，他是獨一無二的人物。大王如果只想當漢中王，沒有韓信可以；若想打天下，那就非韓信不可。您到底做何打算？」劉邦說：「豈有不要天下之理？」蕭何說：「那就必須重用韓信，否則他終會離開的。」在蕭何的力勸下，劉邦下決心說：「就按照丞相你說的，讓他做個將軍如何？」蕭何說：「不行，他還得走。」「那拜他為大將軍怎樣？」蕭何說：「很好。」於是韓信做了大將軍。

此時的關中，經過多年戰爭，滿目瘡痍，殘破不堪，秦都咸陽被項羽燒了三個月，廢墟一片。蕭何留守關中後，馬上安撫百姓，恢復生產，收拾殘局。一方面重建和恢復關中統治秩序；一方面對百姓施以恩惠，安定民心，實施新法，建立統治機構，修建宮廷、縣城，等等。由於施政有方，法令利民，農業生產迅速得到恢復，後方的穩固，保障了前線的需要。

公元前二〇三年，項羽由於連年戰爭，陷入了兵盡糧絕的困境。

而劉邦的部隊，由於蕭何後方工做到位反而兵強糧足，越戰越勇，逼得項羽兵敗垓下，自刎烏江。

劉邦稱帝後，在洛陽南宮大宴群臣。席間，劉邦特別高興地說：「你們知道，為什麼我能得天下而項羽失天下嗎？」群臣眾說不一。他誠懇地對大家說：「運籌於帷幄之中，才能決勝於千里之外，我不比子房（張良）；鎮守國家、安撫百姓、提供軍需糧餉，我不比蕭何；指揮千軍萬馬，攻無不克，戰無不勝，我不比韓信。這三個人中豪傑為我所用，我才得天下！」席間劉邦封蕭何為「開國第一侯」，位列群臣之首。

西漢十二年（前一九五年）四月二十五日，漢高祖劉邦病逝於長樂宮，享年六十二歲。同年，太子劉盈繼位，即漢惠帝，蕭何繼任丞相。公元前一九三年，年邁的相國蕭何由於常年為漢室操勞，終於臥病不起，病危而故，臨終推薦了曹參繼任丞相，於是歷史上有了「蕭規曹隨」的典故。

專家品析

蕭何，作為中國古代傑出的政治家和治世能臣，不論是在戰爭期間，還是在漢朝建立初期，都表現出傑出的政治眼光和才幹。其主要功績是：確立休養生息的基本國策，制定國家基本法律。他一生忠心為國，不謀私利，千方百計讓百姓安居樂業。所以他受到老百姓的敬仰和長久的懷念。

他一生做了立國最根本的工作，對後來大漢中興的「文景之治」有深遠的影響。史家沒有評論漢朝立國之後誰功高蓋世，單憑制定合乎當時國情的基本國策來說，蕭何就足以推為首功。

政治主張或政論著作

《漢律九章》是漢高祖統一中國後頒行的第一部法典，由蕭何制定。其中包括：盜律、賊律、囚律、捕律、雜律、具律、戶律、興律、廄律九篇。

07 三年謫宦遲，萬古徒留悲

——賈誼．西漢

生平簡介

姓　　名　賈誼。

別　　名　賈太傅、賈長沙、賈生。

出 生 地　洛陽（今河南洛陽市東）。

生　　年　公元前二〇〇至前一六八。

身　　份　政論家、文學家，著有〈過秦論〉、〈論積貯疏〉、〈陳政事疏〉、〈弔屈原賦〉等。

名家推介

賈誼（公元前 200-前 168），漢族，洛陽（今河南洛陽市東）人。西漢初年著名的政治家、文學家。十八歲時由河南郡守吳公推薦，二十出頭被漢文帝選為博士。不到一年被破格提為太中大夫。二十三歲時，因遭群臣忌恨，被貶為長沙王的太傅。後被召回長安，做梁懷王太傅。梁懷王墜馬而死後，賈誼深感歉疚，三十三歲憂傷而死。

他的著作主要有散文和辭賦兩類。散文如〈過秦論〉、〈論積貯疏〉、〈陳政事疏〉等都很有名；辭賦以〈弔屈原賦〉、〈鵩鳥賦〉最為著名。

名家故事

漢高后八年，高后呂雉病死，漢文帝劉恒繼位。第二年，河南郡守吳公向文帝推薦年輕有為的得意門生賈誼。賈誼被召到中央政府，任命為博士。從此，二十一歲的賈誼步入政治舞臺。

博士是當時皇帝諮詢政事的官員。賈誼對文帝提出的問題對答如流，引經據典，旁徵博引，有理有據，道出了博士們的心聲，受到博士們的愛戴，同時也得到漢文帝的首肯，一年之中就破格提拔為太中大夫。

賈誼認為漢朝已建立二十多年，政局穩定，為了鞏固漢朝的統治，提出改革，主要針對漢朝沿用的秦朝舊制。認為漢朝承襲了秦朝的敗俗，廢棄禮義，應該移風易俗，使天下同心同道。制訂新的典章制度，復興禮樂，改正朔，易服色，修改官名，等等。改正朔，就是改變秦以「水」為德，以十月為一年之始的曆法；易服色，就是改變秦崇尚黑的服色制度，主張漢的服色應該崇尚黃色。由於當時文帝剛繼位，條件還不成熟，沒有採納賈誼的建議。

文帝二年，賈誼提出了著名的〈論積貯疏〉治國方略。主要針對當時社會上出現的「背本趨末」以及「淫侈之風，日日見長」的現象，主張重農抑商，發展農業生產，加強糧食貯備，預防饑荒，以達到天下太平、百姓安居樂業的目的，漢文帝採納了他的建議。賈誼還幫助漢文帝修改制定了許多政策法令，遣送列侯到自己封地，都收到良好的效果。

短短的時間裏賈誼施展了自己的才華，被破格提拔，可謂少年得志。漢文帝賞識他的才氣想委以重任，有意讓他擔任更高的公卿職位。但是面對這樣學識淵博又有革新思想的年輕人，那些老臣顯貴們心懷妒忌，他們容忍他空發議論而無實權，可是無論如何也不能容忍一個資歷淺薄、乳臭未乾的青年才俊和自己平起平坐。於是，眾口一詞地攻擊賈誼，就這樣，他陷入外有大臣攻擊、內有姦人讒言的兩難境地，不但不能施展才能和抱負，甚至在朝廷中無法立足。最後，被貶出京師，當了長沙王的太傅。

漢文帝七年，文帝因想念賈誼，把他從長沙召回長安。這次回到長安，朝廷上物是人非，原來曾壓制過賈誼的灌嬰已死，周勃在遭冤獄被赦免後回到絳縣封地，不再過問朝中政事。但是，賈誼仍未被委以重任，只是被分派到梁懷王那裏當了太傅。原因是因為鄧通這樣的小人仍在文帝身邊，賈誼曾多次得罪過他，他又是文帝的寵臣，這成了賈誼施展政治抱負不可逾越的障礙。

梁懷王劉揖，是文帝最喜愛的小兒子，所以，做他的太傅也算文帝對他的一種重視。雖然這還談不上升遷，但對賈誼來說，已經不重要了，因為他所關心的是國家的政治形勢。

於是，賈誼又一次上〈陳政事疏〉，也稱為〈治安策〉。就在這一年，淮南王劉長陰謀叛亂，被流放到蜀郡，途中畏罪自殺。第二年，文帝又把他的四個兒子封為列侯。賈誼擔心文帝再把他們進封為王，就上書文帝，未被文帝採納。

漢文帝十一年，梁懷王劉揖入朝，不幸騎馬摔死了。賈誼深感自己身為太傅，沒有盡到責任，憂鬱至極。儘管如此，他還是以國事為重，為文帝出謀獻計。因梁懷王劉揖沒有兒子，按慣例他的封地就要撤銷。如果這樣做，將對整個局勢不利；不如加強文帝的兩個親子淮陽王劉武和代王劉參的地位。為此，賈誼建議，為梁王劉揖立繼承人，或者讓代王劉參遷到梁國來；擴大梁國和淮陽國的封地，使前者的封地北到黃河，後者南到長江，從而連成一片。這樣一來，國家一旦有事，梁王國足以抵禦匈奴。這個建議的深謀遠慮，在後來吳楚七國之亂，梁王劉武堅決的抵禦中看到了效果。文帝十二年，賈誼在憂鬱中死去，當時他只有三十三歲。

專家品析

縱觀賈誼一生，他具有遠見卓識的政治眼光，是那些身居高位而庸庸碌碌的公卿們所不能比擬的。賈誼的政治主張，不僅在文帝一朝起到了作用，更重要的是對西漢王朝的長治久安起到了重要作用。

在西漢政論散文園地中，他的散文堪稱文采斐然。最為人稱道的作品是〈過秦論〉，文理透闢、邏輯嚴密、氣勢洶湧、鏗鏘有力，對後代散文影響很大。作為傑出的政治家和思想家賈誼被載入史冊，其貢獻是不可磨滅的。

政治主張或政論著作

賈誼真正將儒家學說推到了政治前臺，他為政暢行仁義、效法先聖、制定禮儀、拋棄尊卑的儒家主張，為漢家王朝制定了仁與禮相結合的政治藍圖。

08 剛直忠言諫，景帝殺錯人

——晁錯・西漢

生平簡介

姓　　名	晁錯。
別　　名	鼂錯。
出 生 地	潁川（今河南禹縣城南晁喜鋪）。
生 卒 年	公元前二〇〇至前一五四。
身　　份	西漢初著名政治家、散文家。
主要成就	加強集權，力主削藩，重視農業生產。

名家推介

晁錯（公元前 200-前 154），漢族，潁川（今河南禹縣城南晁喜鋪）人。西漢初年著名政治家，漢文帝時期的智囊人物。

晁錯，漢景帝時為內史，他一生獻身於西漢大業。公元前一五五至前一五四年任西漢最高職務之一的御史大夫。多次上書主張加強中央集權、削減諸侯封地、重視農業生產。吳、楚七國叛亂時，被景帝錯殺。晁錯的經濟思想，散見於《漢書》的〈食貨志〉、〈袁盎晁錯傳〉等。

名家故事

年輕的晁錯做太子門客時，受到漢文帝賞識，被任命為太子舍人，經常在太子面前陳述自己的治國主張，後來，文帝封他為太子家令。由於他善於分析問題，敢於提出中肯的意見，深得太子劉啟的喜愛和信任，被太子譽為「智囊」。

文帝去世，太子劉啟繼位，稱為漢景帝。晁錯提升為內史，多次單獨晉見景帝，共同商議國家大事。景帝對他言聽計從，許多法令是經他修改訂立的。面對此景，丞相申屠嘉敢怒不敢言。正巧，內史府坐落在太上廟外的空地上，門朝東，進出不便，晁錯鑿通了廟外空地的圍牆，開了南門。申屠嘉知道後又怒又喜，想報請皇帝殺掉晁錯。晁錯得到消息後，搶先向景帝說明情況。於是，景帝對申屠嘉說：「晁錯鑿開的不是廟牆，只是廟內空地上的圍牆，並沒有犯法。」申屠嘉一氣之下，臥病不起，不久死去。申屠嘉死後，景帝提升御史大夫陶青為丞相，提升晁錯為御史大夫，從此晁錯位列三公。

景帝二年，晁錯向景帝提出削藩的建議，這就是有名的〈削藩策〉。〈削藩策〉一提出來，立即在朝廷內引起軒然大波。多數人礙於景帝對晁錯的寵信，沒有公開表示反對，但這同樣給晁錯引來了殺身之禍。就當時的情形來說，強行削藩，晁錯無疑是將自己放到了火上炙烤，不過，他已經把個人的生死置之度外了。

朝廷討論削吳國封地的消息傳來，吳王劉濞就準備造反。景帝三年正月，劉濞首先在都城廣陵起兵叛亂，並向各諸侯王國發出了宣言書，以「清君側」為名，攻擊晁錯。膠西王劉印帶頭殺了朝廷官吏，接著膠東王劉雄渠、苗川王劉賢、濟南王劉闢光、楚王劉戊、趙王劉遂也都先後起兵，這就是歷史上著名的「吳楚七國之亂」。

吳楚等七國聯兵反叛，均以誅殺晁錯為名，使晁錯的處境十分危險。再加上有兩件事晁錯處置失當，更增加了危險。一件是向景帝提議御駕親征，而自己留守京城長安，使景帝產生了對他的懷疑，也給其它大臣提供了攻擊他的藉口；另一件是追究袁盎對吳王劉濞陰謀反叛預知不報之罪。

袁盎任過吳國丞相，接受過吳王劉濞的賄賂，晁錯做御史大夫後，查過他受賄一事，袁盎被景帝削職為民，從此兩人結下仇恨。吳楚七國反叛的消息傳到長安後，晁錯還要進一步治袁盎的罪，有人給袁盎通風報信，袁盎驚恐萬分，連夜去找竇嬰商量對策，他們都是晁錯的對頭，決定謀害晁錯、保護袁盎。

於是，竇嬰入宮，請求景帝召見袁盎，景帝答應了這件事。景帝問袁盎：「你曾經當過吳相，現在吳楚反叛了，你的看法如何？」袁盎說：「不用擔擾，一定可以破吳。」景帝問袁盎：「你有何對策？」袁盎趁機說：「請陛下命令左右退下。」景帝獨留晁錯在場。袁盎說：「我的話，所有臣下都不該知道。」景帝只好讓晁錯也退下。袁盎對景帝說：「吳楚叛亂，都是因為晁錯擅自抓住諸侯過錯，削奪封地，當今之計，只有斬了晁錯，派使者宣佈赦免吳楚七國，恢復被削奪的封地，就可以不流血而統統罷兵。」景帝沉默良久，然後說：「假如真像你所說的那樣，為了對得起天下，我不會愛惜某一個人。」過了十多天，丞相陶青、廷尉張歐、中尉陳嘉聯名上了一分彈劾晁錯的奏章，指責晁錯提出的皇帝親征、自己留守長安以及作戰初期可以放棄一些地方的主張，無視臣子之禮，大逆無道，應該斬殺。景帝為了求得一時苟安，不顧多年對晁錯的寵信，昧著良心，批准了這道奏章。

於是，景帝派中尉到晁錯家，傳達皇帝命令，騙晁錯說上朝議事。晁錯穿上朝服，跟著中尉上車。當車馬經過長安東市，中尉停車，忽然拿出詔書，向晁錯宣讀，忠心耿耿為漢家天下操勞一生的晁錯，就這樣被腰斬了。

專家品析

晁錯最大的錯誤是太相信皇帝了，他認為忠心耿耿、一心為公、勇往無前、奮不顧身，是忠心為國；他認為給皇帝出了好主意，皇帝就會包容他的一切。他忘了文帝、景帝雖是好皇帝，同樣也是要殺人的。晁錯之錯，錯於太急功近利，為了實現自己的政治理想和抱負，幹成一件驚天動地、轟轟烈烈的大事，而不惜一切代價。他不知道即使是一個英雄，也是需要有後援和後盾的。而他這樣孤軍奮戰，既沒有朝廷中大臣的幫助，也沒有後盾，最後皇帝不但不幫他還捨棄他，勢必以失敗告終。

政治主張或政論著作

晁錯力主振興漢室經濟，發展漢高祖的「重農抑商」政策；主張遊民邊塞屯田，既開發了邊疆，又減少了內地對邊塞的支持。晁錯的政治主張為漢初的經濟發展和「文景之治」奠定了重要的物質基礎。

09 執權二十年，中興建功勳

——霍光．西漢

生平簡介

姓　　名　霍光。

字　　　　子孟。

出 生 地　河東平陽（今山西臨汾市）。

生 卒 年　？至前六十八。

身　　份　西漢政治家。

主要成就　執掌漢室最高權力近二十年，為漢室的安定和中興建立了功勳。

名家推介

霍光（？-前 68），字子孟，漢族，河東平陽（今山西臨汾市）人，西漢政治家。位居西漢麒麟閣十一功臣之首。

霍光跟隨漢武帝近三十年，謹小慎微，深得武帝信任，同時，在錯綜複雜的宮廷鬥爭中得到鍛鍊，為他以後主持政務奠定了基礎。漢武帝死後，他受命為漢昭帝的輔政大臣，執掌漢室最高權力近二十年，為漢室的安定和中興建立了不朽功勳。

名家故事

漢武帝臨終前，讓畫工畫了一幅「周公負成王圖」賜予霍光，囑託霍光要像當年周公輔佐年幼的周成王一樣輔佐幼帝劉弗陵。武帝後元二年春，漢武帝病死，霍光正式接受漢武帝遺詔，成為漢昭帝劉弗陵的輔政大臣，與車騎將軍金日、左將軍上官桀、御史大夫桑弘羊等人共同輔佐朝政。從此，霍光掌握了漢朝最高權力。

帝位的確定，不等於爭奪帝位鬥爭的結束，相反，更引起了激烈的政治鬥爭。霍光輔政以來，開始就遇到了激烈的政治鬥爭，促使這場鬥爭趨向白熱化的是同時輔政的上官桀及漢武帝之子——燕王劉旦。

漢昭帝始元六年，上官桀、燕王劉旦等人加緊了政變的準備工作。燕王劉旦將奪取帝位的賭注壓在上官桀身上，先後派遣十多人，用大批金銀珠寶，賄賂長公主、上官桀、桑弘羊等人，以求得他們的支持。借用「清君側」的伎倆，令人以燕王旦的名義上書漢昭帝，捏造說：「京都附近道路已經戒嚴，霍光正在檢閱京城兵力情況，要把被匈奴扣留十九年的蘇武召回京都，然後借匈奴兵力推翻漢昭帝，自立為帝。」為了防止姦臣變亂，燕王劉旦要入朝保衛皇帝。上官桀企圖等到霍光外出休假之時，將此奏章交與昭帝手中，而後再由他按照奏章內容來宣佈霍光的「罪狀」，由桑弘羊組織朝臣共同脅迫霍光退位，從而廢掉漢昭帝。

沒有想到，當燕王劉旦的書信到達漢昭帝手中後，就被漢昭帝扣壓並不予理睬。次日早朝，霍光上朝早已得知上官桀的舉動，就站在張貼「周公負成王圖」的畫室之中，不肯去朝見昭帝，想以此要求昭帝表明態度。漢昭帝不見霍光，就向朝臣打聽，上官桀乘機回答說：

「因為燕王告發他的罪狀，不敢來上朝了。」昭帝十分平靜，隨即召霍光入朝，並果斷地說：「我知道那封書信在造謠誹謗，因為十日之內你即可調動所屬兵力，燕王劉旦遠在外地，如何能知情呢！」「況且，如若真要推翻我，也無須如此大動干戈！」上官桀等人的陰謀被十四歲的昭帝一語揭穿，所有在朝大臣對昭帝如此聰明善斷無不表示驚歎，霍光的輔政地位得到了穩固。

上官桀等人的陰謀被揭穿後，索性赤膊上陣，準備發動武裝政變。計劃由長公主設宴，席間再命埋伏的兵士將霍光殺掉，廢除漢昭帝。就在這危急關頭，長公主門下一名管理稻田租稅的官員將上官桀等人的陰謀向大司農楊敞告發，楊敞轉告了諫大夫杜延年，於是昭帝、霍光掌握了上官桀等人的計劃，先發制人，將上官桀、桑弘羊等主謀統統逮捕，誅滅了他們的家族。長公主、燕王劉旦自知不得赦免，也先後自殺身亡。

輔佐昭帝期間，霍光繼續執行武帝末年的「與民休息」政策，經濟繼續發展，國內富足。同時用和親的方式重新恢復了和匈奴的關係。這些措施對於穩定武帝後期以來動盪不安的局勢，以及恢復社會經濟起到了重要作用。

霍光輔佐漢昭帝十三年，為漢朝的鞏固、社會的安定發展都奠定了一定基礎。昭帝死後，政局雖曾一度發生混亂，但由於政治基礎比較穩固，很快就平靜下來。

昭帝沒有後代，死後由誰來繼承帝位，這是霍光等公卿大臣面臨的難題。當時，漢武帝的兒子還有廣陵王劉胥，但他行事不檢點，有失皇家道統，漢武帝生前就很不喜歡他們，於是選擇了漢武帝之孫——襲封昌邑王的劉賀，讓他來繼承帝位。但他本是紈綺子弟，荒淫無度。漢武帝死時，服喪期間竟四處遊獵，屬下如何苦諫也不聽。昭帝死後，霍光等大臣以太后的名義派車迎接他入京登基，途中他就派人掠取民間女子及財產。見此情景，霍光等眾大臣都感到事態嚴重，如不及早處置，漢室江山將斷送在他的手裏。於是在他繼位的第二十七天，霍光將所有在朝大臣、列侯、博士等召集到未央宮舉行會議，當眾宣佈要廢掉劉賀，另選賢明的意圖。與會人員聽此消息，都感到意外，因為廢立之事關係重大，誰也不敢發言。田延年見狀，挺身而出，先假意斥責霍光，然後進一步強調漢武帝把漢家天下寄託給霍光，就因為他忠誠於漢室，能使漢朝江山長治久安。如果維持現狀，那麼漢家天下將會斷送，百年後的霍光又有何顏面去見漢武帝呢！他手握劍柄，嚴詞厲色，聲稱如有人敢反對就地斬殺。見此情景，與會者無不同意由霍光主持，廢除劉賀，另選賢明君主。於是，霍光聯合杜延年、楊敞等人，十分慎重地寫了一封奏章，列舉了劉賀的種種劣跡，上奏給主持漢室的十五歲的上官太后，並將劉賀召至未央宮承明殿，宣讀奏章，即日廢掉帝位，發送回昌邑，並將其所屬官吏統統收捕。而後，將長期生活於民間的漢武帝與衛子夫的曾孫、戾太子之孫——十八歲的劉詢立為皇帝，這就是漢宣帝。

公元前六十八年，霍光去世，漢宣帝曾親自探望。大臣魏相通過許皇后的父親上了秘密奏章，說霍氏一門驕奢放縱，霍光去世後，更是變本加厲，甚至密謀發動政變，最終在公元前六十五年霍氏被滅族。

專家品析

霍光輔助漢朝政權前後達二十年，忠於漢室，老成持重，果敢善斷，知人善任，實為深謀遠略的政治家。他善於用人，在其周圍形成了一個奉公的政治團體；也十分注意自身的政治修養，注意以儒學約束自己。他的一舉一動，都有規矩，都合乎禮法。這些從他廢除劉賀的奏章中可以看出，奏章中列舉的劉賀的劣跡，多數屬於不遵禮法、不守古訓。他重視賢良、文學的作用，從思想意識上來說，也是受到了儒家思想的影響。

政治主張或政論著作

霍光他一生為官忠於漢室、老成持重、果敢善斷、知人善任；改變了漢武帝時期的急徵暴斂、賦稅無度的政策；調整了階級關係，與民休息，以國家為重，以民生為重。

10 辭約事詳盡，論辨博美名

——荀悅．東漢

生平簡介

姓　　名	荀悅。
字	仲豫。
出 生 地	東漢潁川潁陰（今河南許昌市）。
生 卒 年	公元一四八至二〇九。
身　　份	政論家、史學家。
主要成就	著有編年體西漢皇朝史《漢紀》及政論著作《申鑒》。

名家推介

荀悅（公元 148-209），字仲豫，東漢潁川潁陰（今河南許昌市）人。著名的政論家、史學家。

漢獻帝時，官拜黃門侍郎，後升遷秘書郎、侍中。深受獻帝喜愛，獻帝好讀典籍，但常常感到班固《漢書》文繁難懂，荀悅按照《左傳》的體例，於建安五年編撰《漢紀》一書。全書共三十卷，上起漢高祖下到漢平帝，將西漢歷史納入十二《帝紀》之中，大大方便了漢獻帝了解西漢歷史的需要，同時也豐富了中國文化寶庫。

名家故事

漢獻帝時，荀悅被曹操召進漢宮，任黃門侍郎，後來遷升為秘書監侍中。侍奉漢獻帝左右，談論政事，深為漢獻帝嘉許。獻帝非常喜歡文學，尤其是各種古代典籍，他認為班固《漢書》文繁難懂，讓荀悅按照《左傳》的體例，一心編著《漢紀》。

荀悅生活在漢末政治最黑暗腐敗、社會最混亂動盪的時期。他眼見當時曹操專權，漢獻帝僅有皇帝的虛名，就作了《申鑒》五篇，對現實政治進行了評論，篇篇都切中時弊，是西漢以來政論文傳統的繼承和發展，從中可以窺見荀悅文章風格的特點。他又按照《漢書》，仿照《左傳》體例著有《漢紀》三十篇。此外，荀悅還著有《政論》、《崇德》等數十篇，從荀悅的傳世之作《申鑒》和《漢紀》中，我們可以對荀悅的思想有一個大致的了解。

其一，荀悅的政治理想是挽救日益衰微的東漢王朝，復興漢室為基調，因此他在著述中極力美化漢王朝，借用天人感應思想。荀悅政治思想的一個重要方面就是君臣關係，他將君分為「王主、治主、存主、哀主、危主、亡主」六種類型，與此對應將臣子也分為六類「王臣、良臣、直臣、具臣、嬖臣、佞臣」，並對其中的每一個類型都做了詳細的論述，認為最理想的君主是「體正性仁、心明志固、動以為人、不以為己」的王主。同時，荀悅對進諫、受諫這一君臣互動關係做了詳盡的分析，認為君主不應固執己見，應該對大臣進行合適的、有原則的讓步。而大臣則應以國家利益為重，盡職盡責，積極進諫。只要君主「慎受內，除內寇，而重內寶」，人臣「樂知天命、審物明辨、定心致公」，君臣雙方就能建立和諧的關係，從而鞏固政權。

重民思想是其政治思想的另一個重要組成部分。荀悅將民眾看做政治穩定、政權鞏固的基礎，認為統治者必須要重民愛民，為民眾的實際利益著想，與百姓同樂同憂。荀悅提出抑制地主豪強，反對土地兼併，對統治者與民爭利堅持否定態度，在當時具有進步性。但是這一思想的提出是建立在鞏固皇權統治的基礎上的，其目的是緩和階級矛盾，這是他固有的時代局限。

其二，荀悅的哲學思想，即正統儒家說和批判思潮說。前者以鄭師許先生和渡邊秀方先生為代表，認為荀悅思想本源於儒學。後者以侯外廬和任繼愈兩位先生為代表，將荀悅與王符、崔寔、徐幹、仲長統等共同作為漢末批判思潮的代表人物，認為他們繼承了道家的批判精神，吸收了法家的學說，在儒家旗號下修正了儒學。

「道」是中國傳統哲學的重要關鍵字之一。荀悅對此前的觀點做了繼承和發揮，他認為道是天地萬物的本源和事物發展的規律，體現了他樸素的唯物主義宇宙觀。同時在他看來，道還指統治者應該推行仁義，對人民仁慈寬恕、公平公正，既繼承了傳統觀點，又有創新。

荀悅的哲學思想還有一個重要體現就是天人感應。雖然荀悅對讖緯學說持否定和批判態度，但卻對天命思想極其推崇，主要是為了服務於他復興漢室的政治理念的。但荀悅所講的天，不但具有神秘主義的至上神的屬性，而且在一定程度上有自然主義的因素。荀悅還強調了遵從天道、順應自然規律的重要性。縱觀天人感應思想，既有唯物主義的成分，又有唯心主義的成分。

荀悅的哲學思想中有豐富的辯證法思想。認為人類社會和自然界都處在不斷變化之中。雖然認為封建統治秩序不變，但統治者的統治政策和治國方略要隨著社會的發展而不斷變通。荀悅還強調任何事物都存在兩面性，並有向其相反方向轉化的趨勢。因此他相信動亂之後必是和平盛世，因此他期盼漢室的復興並為此做出了不懈努力。

其三，對史學的發展是荀悅最重要的歷史貢獻，《漢紀》是我國現存最早的編年體斷代史，以《漢書》為基本材料縮編而成，因此它與《漢書》一樣，起始於秦二世元年，止於公元二時三年王莽滅亡，一共記錄了前後二百三十一年的歷史，全書共三十卷。荀悅的《漢紀》成為與紀傳體共行的一種史書體裁，為我國史學發展開拓了廣闊道路。所以，《漢紀》在中國史學史上有著重要的地位。

專家品析

荀悅生於東漢王朝統治末期，他在總結歷史經驗的基礎上，提出「六主」、「六臣」論，並深入分析了不同類別的君臣對政事發展的不同影響；他的「天下國家一體」的政治觀念建立在對君、臣、民三者關係的認識之上；「眾正積於上，萬事實於下」的思想則反映了荀悅的政治理想，而荀悅政治思想最終歸結於對東漢王朝政治統治秩序的維護。

政治主張或政論著作

荀悅提出「六主」、「六臣」論，並深入分析了不同類別的君臣對政事發展的不同影響。他對君臣品類的劃分和天下國家一體的觀念，以及對於政治統治秩序的維護，構成了荀悅政治思想的主要內容。

11 丈夫能屈伸，忠貞氣節臣

——王允·東漢

生平簡介

姓　　名　王允。

字　　　　子師。

出 生 地　太原祁縣（今山西祁縣）。

生　　年　公元一三七至一九二。

身　　份　司徒、尚書令。

主要成就　謀劃刺殺董卓。

名家推介

王允（公元 137-192），字子師，太原祁（今山西祁縣）人，東漢後期政治家。

漢獻帝初年任司徒、尚書令，總管朝政。當時的皇帝獻帝是一個傀儡，董卓大權在握。王允成功策劃了刺殺董卓，董卓死後，他與呂布共執朝政。後來，董卓餘黨李傕、郭汜等率軍攻破長安，呂布逃走，王允被處死，時年五十五歲。

名家故事

王允出身於官僚家庭，自幼聰穎過人，同許多官僚子弟一樣，很早投身仕途，他為人秉直，這就注定了他仕途的坎坷。

十九歲那年，他做地方官吏，把一個叫趙津的官宦給殺了，闖下大禍，趙津的兄弟勾結官宦，惡人先告狀，顛倒事情黑白，告到皇帝那裏，漢桓帝震怒，王允安然無恙，卻連累了上司太守被處死，為此，王允為其守志三年。

三年後，王允重返仕途，依然是沒有汲取教訓。當時郡裏有個空差，於是太守王球招了一個叫路佛的人來補缺，但此人聲名狼藉，王允覺得太守選人不當，據理力爭，激怒了太守，太守下令將他收押，準備殺掉。幸好被刺史鄧盛知道，他敬佩王允的剛直不阿，使其保住了性命並且升了官。

黃巾起義後，王允被任命為豫州刺史，臨危受命的王允大破黃巾軍，戰功卓著。本應升官，但節外生枝，在繳獲的黃巾軍物品中，發現了官宦張讓的賓客與黃巾軍聯繫的信件。張讓是十常侍之一，權傾朝野，敢得罪他的人寥寥無幾。不懂世故的王允檢舉揭發此事，給自己招來了麻煩，被編造罪名下了大獄。由於運氣好，剛好碰上大赦天下，恢復了刺史職位。可萬萬沒想到的是，沒幾天，又被抓了進去，所有人都為他捏了把汗，連司徒楊賜都派人對他說：「發生這些事，都是因為你得罪了張讓，如今生死難料，得要想個周全的辦法才行。」甚至還有些人認為他在劫難逃，為了讓他免受酷刑而死，專門送毒藥給他。結果王允的回答卻是：「我身為臣子，既然獲罪，就應伏法答謝天下，怎麼可以用服毒自殺來逃避呢？」

說王允不通世故也好，迂腐也罷，但他確實是條好漢。也許正是因為他的血性，贏得大將軍何進、太尉袁隗、司徒楊賜的敬佩，聯名上書，為他求情，結果還是死罪得免、活罪難逃，之後又經過多方營救，第二年獲釋。經過這一番折騰，王允也認識到官宦勢力的強大，有種心有餘而力不足的感覺。直到漢靈帝駕崩，才回到京師奔喪。此時大將軍何進正密謀掃除官宦集團的勢力，於是讓王允參與策劃，王允的仕途這才又重見曙光。初平元年（189 年），他取代楊彪為司徒大夫，終於位列三公，在短暫的時間裏，他的仕途可謂一帆風順。

董卓專權時期，王允仍然是朝中舉足輕重的人物，憑藉自己的地位，保存了大量的宮廷書籍資料和其它用具，在漢室處於風雨飄搖之際，面對董卓，曾經的那個耿直青終於開了竅，沒有再以卵擊石，取得了董卓的信任。

當董卓把王允當成了心腹之時，王允的心裏卻一直在想方設法除掉他。初平三年（192 年），機會終於到了，他利用董卓和手下呂布的矛盾，成功離間二人，分化了董卓集團，並把董卓推上了斷頭臺。董卓被殺後，人心大快，士兵齊呼萬歲，百姓載歌載舞，一時間，王允的威望達到頂峰。

王允掌權以後，捕殺了很多曾經依附董卓的朝中大臣，全然忘記了當年董卓對自己的關照。著名學者蔡邕因為董卓被殺而歎息了幾句，被王允下獄處死。加上他自恃功高，造成清流人士及士大夫集團強烈不滿，對待在刺殺董卓期間立有大功而且握有兵權的呂布，也非常輕視，使得呂布對他失望至極又無可奈何。如此一來，文臣武將離心離德，他難以服眾。同時，面對董卓死後留下的大量財富，呂布提出分給有功之人，這對於穩定長安的局勢有積極作用，但王允不予採納。

另外，在對待董卓西涼殘餘勢力上，毫無戰略眼光、書生氣十足的王允犯下了第三個錯誤。剷除董卓以後，他的手下李傕、郭汜、樊稠、李蒙上表請求赦免，假使王允能正確地判斷形勢，赦免四人，搖搖欲墜的東漢王朝或許能得到寶貴的喘息機會。但王允只想著除惡未盡、必留後患的道理，逼得四人起兵造反。

王允剛愎自用，不講策略，關東勢力對長安政權的態度也各持己見，各諸侯心懷鬼胎，他對內對外都得不到強有力的支持，終於，初平三年（192 年）九月，李傕、郭汜、樊稠、李蒙率兵圍攻長安。

性格決定命運，王允的性格決定了他不幸的結局，他拒絕了呂布撤出長安的建議，以死報國，結果被殺入長安的李、郭等人所害，時年五十五歲。他的宗族老幼，全被殺害。在家族遭受幾乎滅頂之災的同時，長安，甚至整個中國大地，也陷入了更大的社會動盪和政局混亂之中。

專家品析

東漢王朝的滅亡是不可逆轉的歷史必然趨勢。處於這種歷史背景下的王允，滿懷挽救時局的雄心，並不斷努力奮鬥。他殺賊有功，穩定了政權，在一定程度上緩和了東漢末年諸多危機的總爆發。然而，在繼續恢復大漢雄風的努力過程中，王允失敗了，除了客觀上不可抗拒的原因之外，也有本身的主觀失誤。雖然東漢王朝逃脫不了被傾覆的命運，但是，王允在力圖改變這一命運的過程中所起的緩衝作用，卻是不容忽視的。

政治主張或政論著作

王允性格剛毅威嚴，疾惡如仇，是個很正派的人。設計誅滅董卓，是他的曠世奇功，使他的名字彪炳史冊。但從誅滅董卓以後的作為來看，驕傲武斷，缺乏機動靈活的謀略，不能控制錯綜複雜的局面，終於導致了最後的失敗。

12 白帝託孤相，鞠躬盡瘁勳

——諸葛亮・三國

生平簡介

姓　　名	諸葛亮。
字	孔明。
號	臥龍。
出 生 地	琅琊陽都（今山東臨沂市沂南縣）。
生 卒 年	公元一八一至二三四。
身　　份	政治家、戰略家、發明家、軍事家。
主要成就	輔佐劉氏，三分天下。著有〈出師表〉、〈誡子書〉等。

名家推介

諸葛亮（公元 181-234），字孔明，號臥龍，琅琊陽都（今山東臨沂市沂南縣）人，三國時期傑出的政治家、戰略家、發明家、軍事家。蜀漢丞相。

他被劉備三顧茅廬請出輔助蜀漢，二十七年的政治生涯中，出將入相輔佐劉備父子，開國創業，輔助後主盡一生託孤之責。

名家故事

建安十三年八月，劉表病逝，他的兒子劉琮繼位，聽到曹操南下的消息，派遣使者向曹操投降。劉備在樊城知道後，率軍隊和百姓南逃，被曹軍在當陽長阪坡追上。

於是，劉備逃到夏口，諸葛亮建議向孫權求救，並自薦到東吳柴桑做說客，並與魯肅結為朋友。面見孫權後，他先用二分法給孫權兩個選擇：你如果能以吳、越的軍力與中原之國抗衡，不如早和曹操斷交；另一個選擇則是激將法：面對曹操的百萬大軍，你如果認為不能抵擋，為何不停止軍事行動，向北方稱臣！「北方」在這裏有雙重含義：其一是曹操當時在北方；其二是君臣見面時，臣子通常面向北方。

孫權於是反問諸葛亮，劉備為何不投降。諸葛亮為了提高劉備身價，說他有氣節，絕不投降，向孫權顯示了劉備的決心。孫權大怒，發誓不會向曹操投降，但擔心劉備的兵力不足。諸葛亮分析了兩軍的情況：劉備的步軍和東吳的水軍有萬人，加上劉琦的江夏士兵也不下萬人；再者，曹軍遠來疲憊，追劉備時，又用輕騎一日一夜追了三百多里，正是強弩之末，並且北方人不熟悉水戰，荊州百姓又是被迫服從曹操，不是人心所向，所以曹軍必敗。孫權聽了十分高興，又受到魯肅、周瑜的遊說，決定聯劉抗曹，派周瑜、程普、魯肅等率三萬水軍，與曹操開戰。十一月，曹操大軍在赤壁遭遇孫、劉聯軍火攻，軍中又發生瘟疫，於是大敗，回師北還。

赤壁之戰後，劉備於十二月平定荊南四郡，任命諸葛亮為軍師中郎將，負責調整賦稅，充實軍資。建安十六年，益州牧劉璋派法正、孟達請劉備助攻張魯，諸葛亮便與關羽、張飛、趙雲等鎮守荊州。次年十二月，劉備與劉璋決裂，開始進攻成都，諸葛亮便與張飛、趙雲等入蜀助陣，留關羽負責荊州防務，分兵平定各郡縣，與劉備一起兵圍成都。建安十九年，劉璋投降，劉備進入蜀中。

諸葛亮受任為軍師將軍，每當劉備出兵征伐，諸葛亮便負責鎮守成都，為劉備提供軍隊供給，同時採取了一系列的措施來發展生產。諸葛亮在漢中休養生息、開展農業生產，充分利用了漢中優厚的經濟條件，因地制宜地採取了一系列發展生產力的措施，使軍資基本上得到了解決，軍屯耕戰效果顯著。當地百姓安居樂業，人口逐漸增多，使地廣人稀的漢中重新得到發展，實現了良性迴圈，達到了富國強兵的目的，維護了該地區的長治久安。

漢獻帝延康元年，曹丕篡漢自立為皇帝。蜀中群臣聽到漢獻帝被害的消息，勸說已成為漢中王的劉備登基為帝，劉備不答應，諸葛亮用耿純遊說劉秀登基的故事相勸。於是劉備登基，任命諸葛亮為丞相。同年張飛被害，諸葛亮替代張飛做了領兵的司隸校尉一職。

章武二年八月，劉備在東征中被東吳打敗，撤退至永安並得了重病，召諸葛亮託付後事，歷史上稱為「白帝託孤」。

劉禪繼位，封諸葛亮為武鄉侯，開設官府辦公，不久，又做了益州牧，劉禪政事上的大小事務，都依賴於諸葛亮。此時，南中地區因劉備大敗而乘機叛亂，但因國喪，諸葛亮暫不發兵，而派鄧芝和陳震奔赴東吳進行政治外交。

建興三年春天，諸葛亮率軍南征，深入不毛之地。打敗雍闓軍，再七擒七縱孟獲，秋天平定所有南方亂事，蜀漢在南中安定並獲得一定兵源補充後，經過長期積纍，奠定了北伐的基礎。

建興六年春，諸葛亮事先揚言走斜谷道出兵北伐，讓趙雲、鄧芝佈設疑兵吸引曹真重兵，自己率大軍進攻祁山，由於馬謖失去街亭這個天然屏障，諸葛亮無奈退回漢中，這是諸葛亮第一次出祁山。一直到建興十二年，諸葛亮率大軍出斜谷道，駐軍五丈原，屯田於渭濱，期間諸葛亮屢屢派遣使者下戰書，又用巾幗婦人的頭飾，激怒魏國宣王司馬懿，但司馬懿忍辱據守不出戰，並以「千里請戰」的妙計平息眾將之怒。八月，諸葛亮病故於五丈原，楊儀等率軍撤回蜀中。諸葛亮歷時十二年，六出祁山，希望成就千秋霸業，北定中原，均未獲得最後成功。

諸葛亮盡忠蜀漢，深得先主、後主的信任。在三國中蜀漢執行了最好的民族政策，他制定律法、以身作則、聯合東吳、治軍有方、治國有道，以「鞠躬盡瘁，死而後已」的無私奉獻精神戰鬥到生命的最後一息。

專家品析

諸葛亮一生為興復漢室、成就大業，做出了無人能及的歷史貢獻。他立法施度，選賢任能，重視農耕，發展生產，聯吳抗魏，南征蠻夷，五伐中原，六出祁山，直到五十四歲病死於伐魏的前線五丈原。

他一生鞠躬盡瘁，死而後已。他運籌帷幄的風采、淡泊明志的氣度、謙虛務實的作風、矢志不移的獻身精神和不折不撓的頑強意志，均成為後人傚仿、學習的典範和楷模。

政治主張或政論著作

諸葛亮認為「非淡泊無以明志，非寧靜無以致遠」，體現了他在自身修養上所持的道家思想；他忠於漢室，要求統一，這是儒家思想的體現；他建議後主劉禪以法制國，這些又是法家思想的具體體現。

13 三國英雄士，四朝經濟臣

——司馬懿．三國

生平簡介

姓　　名	司馬懿。
字	仲達。
出 生 地	河內郡溫縣孝敬里（今屬河南溫縣）。
生　　年	公元一七九至二五一。
身　　份	太尉、軍事家、政治家。
主要成就	西晉王朝的奠基者、魏國三朝託孤重臣、抵御蜀漢諸葛亮的北伐。

名家推介

司馬懿（公元 179-251），字仲達，河內郡溫縣孝敬里（今河南溫縣）人。三國時期魏國傑出的政治家、軍事家，西晉王朝的奠基人。

他曾任職曹魏的大都督、太尉、太傅。是輔佐了魏國三代的託孤輔政重臣，後期成為全權掌控魏國朝政的權臣。平生最顯著的功績是多次親率大軍成功對抗諸葛亮的北伐。西晉司馬炎稱帝後，追尊他為西晉高祖宣皇帝。

名家故事

公元二二六年五月，魏文帝曹丕駕崩，享年四十歲。臨終時，任命司馬懿與中軍大將軍曹真、鎮軍大將軍陳群、徵東大將軍曹休為輔政大臣。

魏明帝繼位，封司馬懿為舞陽侯。孫權得知魏文帝去世，於八月出兵攻打魏國。命左將軍諸葛瑾兵分兩路進攻襄陽（今湖北襄樊），並親自率軍進攻江夏。孫權一路為魏軍所擊敗，撤兵退回江東。諸葛瑾則被司馬懿擊敗，十二月，司馬懿升任驃騎大將軍。

太和元年（227）六月，魏明帝命司馬懿駐紮宛城（今河南南陽），負責荊州、豫州各項軍事。當初蜀將孟達降魏時，魏文帝待他原本不錯，司馬懿認為他花言巧語，不可信任。但魏文帝不聽，任命孟達做了新城太守。魏文帝死後，孟達失寵，蜀丞相諸葛亮暗中和他通信，圖謀叛魏。諸葛亮怕他反復無常，想促成他盡快反魏，得知魏興太守申儀和他有矛盾，便派郭模到申儀處詐降，有意洩露這件事。孟達聽到這個消息，準備馬上起兵。申儀將此事密告司馬懿後，司馬懿為贏得時間，一面給他去信安慰他，一面親率精兵日夜兼程前去討伐。孟達得到司馬懿的信大喜，猶豫不決。八天後司馬懿抵達新城城下。吳、蜀派出援兵解救孟達，被司馬懿大軍攔阻在西城的安橋、木蘭塞等地。在此之前，諸葛亮曾告誡孟達加緊防範，不要上當，但是，由於孟達沒有認識到嚴重性，此時，只好退兵駐守三面環水的庸城。孟達在城外樹立木柵，加固城防。司馬懿揮師渡水，毀掉木柵，直逼城下。太和二年（228 年）正月，司馬懿兵分八路攻城，進攻十六天，孟達的外甥鄧賢、部將李輔開城投降。魏軍入城，殺死孟達。司馬懿軍隊退兵後仍駐守宛城。

太和二年（228 年）五月，東吳鄱陽太守周魴派人送親筆信給曹休，謊稱受到吳王責難，打算棄吳降魏，請求派兵接應。曹休未辨真偽，就率步兵、騎兵十萬人，去皖城（今安徽潛山）接應。魏明帝也命司馬懿率軍向江陵（今湖北江陵）和曹休策應。八月，曹休被吳軍大敗，殘部幸得司馬懿接應，才全身而退。

太和五年（231 年）二月，蜀漢丞相諸葛亮率軍第四次進攻魏國，包圍祁山，並以木牛流馬運輸糧草。明帝派司馬懿西駐長安，都督左將軍張郃、雍州刺史郭淮等防御蜀軍。司馬懿留部將費曜、戴陵率四千人馬守邽（今甘肅天水），自己率主力西救祁山。張郃勸司馬懿分兵駐紮雍、郿兩地，作為大軍後鎮，司馬懿不同意。

諸葛亮聽說魏國大軍馬上來到，也分兵一部繼續進攻祁山，親自率領主力迎擊司馬懿。司馬懿派遣郭淮和費曜等部襲擊蜀軍，被諸葛亮擊破。此後，諸葛亮曾數次北出祁山，都被司馬懿大軍所阻，終未獲得成功。

青龍三年（235 年），司馬懿升任太尉。東漢末年軍閥混戰時，公孫度佔據遼東。景初二年（238 年）正月，魏明帝召司馬懿回京，命他率兵討伐遼東。司馬懿率牛金、胡遵等步騎四萬兵馬，從京師出發，經過孤竹，穿越碣石，六月，發兵遼水。司馬懿採用聲東擊西之計，先在南線採取佯攻手段，吸引敵軍主力，使主力隱蔽渡過遼水，逼進敵營。魏軍三戰告捷，於是乘勝包圍襄平。接著，司馬懿還將計就計，故意示弱。公孫度想從城南突圍，司馬懿大軍破城，於是上奏朝廷，把一千多名六十歲以上的士兵解除兵役，遣送回鄉。然後，在原定一年的期限內，司馬懿大軍勝利班師。

齊王曹芳繼位之時，年僅八歲，司馬懿與大將軍曹爽一起接受遺詔輔佐少主。司馬懿任侍中、持節，負責各項軍事，和曹爽共執朝政。

正始五年（244 年）春，大將軍曹爽欲立威名於天下，不聽太傅司馬懿勸止，力主伐蜀，魏帝聽從他的意見。結果被蜀前監軍、鎮北大將軍王平所敗，魏軍進攻受阻，後方軍糧供給不足，見不能取勝，曹爽被迫聽從司馬懿的勸告，於五月率大軍退還北方。

正始八年（247 年），曹爽用心腹何晏、鄧揚、丁謐的計謀，排擠司馬氏的勢力。司馬懿從此與曹爽矛盾逐漸加深。五月，司馬懿偽裝生病，不問政事，實際上暗中佈置，準備消滅曹爽勢力。

不久，司馬懿以謀反的罪名，殺掉了曹爽及其黨羽。從此曹魏的軍政大權完全落入司馬懿的手中，為司馬氏取代曹魏奠定了基礎。嘉平三年（251 年）八月，司馬懿去世，享年七十三歲。晉武帝司馬炎取代曹魏後，封司馬懿尊號為宣皇帝，廟號高祖。

專家品析

作為一名出色的政治家，司馬懿深深明白「飛鳥盡，良弓藏；狡兔死，走狗烹」的道理。當時魏國任用他的原因就在於諸葛亮北伐而魏國朝中無人可敵，諸葛亮就是他自己保官位的鑰匙和命脈。沒有了諸葛亮，也就英雄無用武之地，而朝廷中很多官宦都敵視自己，勢單力薄，必然會被貶官，壯志難成。所以，他軍事、政治謀略並用，終於為後世成就霸業奠定了基礎。

除軍事方面外，司馬懿在經濟上也為魏國做出了重大貢獻。曹魏政權為了恢復北方經濟，解決軍糧問題，曾經推行包括民屯、軍屯兩類的屯田制度，他在推廣軍屯事業上很有建樹。

政治主張或政論著作

司馬懿老道圓滑，深諳官場險惡，善於容忍，懂得權謀，終為司馬氏一統天下奠定了基礎。司馬懿其人，善於謀略，心胸寬廣，且懂得「養生」之道。他不像諸葛亮「廢寢忘食」，最後積勞成疾，他懂得放鬆自己，懂得「謀事在人，成事在天」的道理。

14 遠夷賓服功，四境無虞動

——張華・西晉

生平簡介

姓　　名　張華。

字　　　　茂先。

出 生 地　范陽方城（今河北固安）。

生　　年　公元二三二至三〇〇。

身　　份　司空。

主要成就　著有〈鷦鷯賦〉、《博物志》、〈情詩〉五首。

名家推介

張華（公元 232-300），字茂先，范陽方城（今河北固安）人，西晉時期政治家、文學家，西漢留侯張良十六世孫。

曹魏末期，他因憤世嫉俗而作〈鷦鷯賦〉，通過對鳥禽的褒貶，抒發自己的政治觀點。西晉取代曹魏後，擔任黃門侍郎，官至司空，封壯武郡公。晉惠帝時爆發的八王之亂中，遭趙王司馬倫殺害。

名家故事

張華二十五歲左右，也就是曹魏末期，被范陽郡太守鮮於嗣推薦為太常博士。吏部尚書盧欽在輔政的司馬昭面前對張華備加推崇，張華又被升任為佐著作郎，參與編撰國史。不久，張華升遷為長史，兼任中書郎。他才識過人，思維敏捷，深得司馬昭賞識，於是正式任命他為中書郎。

晉武帝司馬炎取代曹魏，任命張華為黃門侍郎，封為關內侯。張華從此接近晉武帝，擁有相當大的實權。咸寧初年（275 年），西晉建國已有十年，統治階級內部矛盾得到極大緩和，邊境戰事不多，經多年休養生息，國力強盛。西晉攻滅孫吳，統一全國的時機也已經成熟。當時，鎮守江漢地區的徵南大將軍、都督荊州諸軍事、荊州刺史羊祜上書晉武帝，陳述自己統一全國的思想。群臣大多產生異議，只有張華據理力爭，與羊祜、杜預共同主張立即伐吳。咸寧四年（278 年）六月，羊祜拜見晉武帝，又面陳伐吳的大計，晉武帝為之心動。因為羊祜有病，不宜經常召入宮內諮詢，晉武帝於是派張華去羊祜住處籌策商量計畫。羊祜與張華推心置腹，陳述自己對局勢的看法和伐吳的戰略方針，張華十分贊同羊祜的見解和伐吳大計。

同年十一月，羊祜病逝。但伐吳大業並未因此而中止。羊祜臨終前，推薦了志同道合的杜預接任自己的職務。張華也不負羊祜所望，為完成他的遺願力排眾議。咸寧五年（279 年），益州刺史王濬上疏，主張迅速徵伐孫吳，而賈充等人再次反對，張華與之針鋒相對，極力主張討伐東吳。不久後，杜預在充分做好伐吳準備工作後，上表晉武帝，主張立即行動。杜預的奏表到來時，晉武帝正與張華下圍棋。張華趁熱打鐵，勸說武帝採納杜預的建議。武帝於是做出最後決斷，發詔伐吳，任命張華為度支尚書，主持朝廷財政。平吳後，武帝特下詔令，對張華的特殊功勳加以表彰。

張華的功績使得賈充黨羽、侍中馮深感不安。於是馮開始在武帝面前詆毀張華，說張華與反叛的鍾會是同類人物，於是武帝貶張華為有職無權的太常卿。

晉惠帝時期，經過一系列朝廷內部火拼，政權落到了楚王司馬瑋手中。張華獻計惠帝，因首謀有功，官拜右光祿大夫、開府儀同三司、侍中、中書監，金章紫綬，並於元康六年（296 年）官至司空。

楚王司馬瑋死後，張華名義上有權，但實權掌握在皇后賈南風手中。張華勸誡賈皇后，賈氏很忌憚他。賈皇后打算廢除非親生的愍懷太子司馬職。元康九年（299 年），賈皇后灌醉太子，同時要他寫下謀亂之書，群臣不辨真偽，都附合賈皇后，要求賜死太子，只有張華反對。核對筆跡後，張華無言以對，但仍然堅持己見。最後，太子被賜死，張華被廢為庶人。廢太子後，東宮左衛督司馬雅和常從督許超等人，謀求廢掉賈皇后而重立太子，與趙王司馬倫密謀，本來對帝位虎視眈眈的趙王倫，一方面坐視賈皇后殺太子，另一方面策劃政變，想要廢掉賈皇后。永康元年（300 年）四月，趙王倫派遣司馬雅聯合張華政變，但張華拒絕合作。盡管如此，張華並沒有揭發趙王倫的陰謀，想要借司馬倫之手廢賈皇后。次日趙王倫兵變，張華被趙王倫羅列罪名處死，並被滅三族，當時六十九歲。次年，齊王司馬冏、成都王司馬穎、長沙王司馬乂起兵，誅殺了趙王倫。齊王冏上奏請求給張華雪冤。太安二年（303 年）朝廷正式下詔，恢復了張華爵位以及被沒收的財產。

專家品析

張華在輔政期間最突出的政績就在於選官任人方面。許多兩晉時期的政治家、文學家和史學家，都是由他薦舉而成名的。

張華的種種主觀努力，只能暫時地緩和西晉王朝社會各種矛盾的激化，卻沒有也不可能消除造成這些矛盾的根源。宗室王族勢力強盛，後族外戚擅權亂政，門閥世族奢侈縱欲，恣意聚斂，關中地區少數民族頻繁起義，極大地動搖了西晉王朝在這一地區的統治，使統治階級內部危機四伏，張華雖心有餘而力不足。

政治主張或政論著作

他著〈三都賦〉，通過對蜀、吳、魏自然風光的描寫，抒發了自己渴望四海統一的政治抱負和理想。他反對浮華交遊，提倡簡樸的生活方式，反對奢侈縱欲、恣意享樂的生活觀。

15 出山輔英主，執政興邦國

——王猛・東晉

生平簡介

姓　　名	王猛。
字	景略。
出 生 地	北海劇縣（今山東昌樂西）。
生　　年	公元三二五至三七五。
身　　份	丞相，大將軍。
主要成就	主張民生，勸課農桑，實現「關中大治」。

名家推介

王猛（公元 325-375），字景略，北海劇縣（今山東昌樂西）人。十六國時期前秦丞相。他被前秦苻堅譽為諸葛亮式的人物，他既是封建社會時期傑出的軍事家、政治家，也是武勇的戰將。

名家故事

王猛登上政治舞臺時，西晉早已滅亡，建於公元三一七年的東晉政權，也只有偏僻的江南地區。當時佔據中原地區的，主要是由氐人在關中建立的前秦政權和由鮮卑人建立的前燕政權。燕比秦立國早二十多年，並佔有東北、河北及河南等大片土地，是前秦的勁敵。而此時前秦權力中樞卻出現微妙變數：開國皇帝苻健病死，兒子苻生繼位。這個獨眼新君生來就生理殘疾，自卑心理與極端自尊相混合，造成自幼兇殘的個性。做了一國之君後，更是暴虐無度，稍不如意便要殺人，上朝時，除張弓佩劍，戒備森嚴，還在坐前擺滿錘、鉗、鑿、鋸等物。一旦他看哪個大臣不順眼，或用錘擊他的頭，或用鉗夾他的手，或用鑿鑿他的眼，或用鋸分解四肢，受害者無數。不僅朝中大臣，連他的親舅舅都在其中。如此殘暴，把朝野搞得惶惶不安，天下離心。此時，王猛悄悄從華山來到長安，與呂婆樓等人暗中策劃，協助苻堅果斷出手，一舉擒殺苻生。苻堅於東晉升平元年（公元 357 年）自立為大秦天王，王猛隨之也成為苻堅的親信謀士。

說起王猛與苻堅的搭檔關係，還有一段曲折。公元三五四年，東晉大司馬桓溫率十萬大軍北伐入關。當時，前秦的苻健沒有打過東晉大軍，只好退守長安。桓溫駐軍霸水岸上，沒有乘機攻取近在咫尺的長安城。正在這時，王猛披著破舊粗布短衣，從華山下來造訪桓溫。見面後，王猛一邊抓著衣縫裏的蝨子，一邊儀態從容地縱論天下，使一貫自負自大的桓溫很為折服，並當即邀請王猛和他一塊幹。王猛卻看出桓溫並非真想收復失地，不過是想借北伐之機而擁兵自重，增加自己爭權奪利的政治籌碼而已。這種野心大、私心又重的人，怎麼能成大事？於是謝絕了桓溫的加盟邀請，重回華山，等待時機。直到上述的變數出現，王猛才又下山。此時，王猛已從多方面了解到自幼便胸懷大志的苻堅正是他要找的明君，而素聞王猛大名的苻堅，也正需要這樣的曠世奇才做幫手。在苻堅親信呂婆樓的安排下，兩人見了面。

在王猛等人的謀劃下，苻堅繼位。繼位後，當務之急，是恢復社會秩序，穩定地方政權，以鞏固帝位，確保中央政令暢通。苻堅決計任命當時為中書侍郎的王猛為始平縣令。王猛並不計較官職大小，爽快答應下來，赴任始平縣令後，明確法令，打擊豪強，並把國舅強德的不法管家予以拘捕。一時間人心大快。一些權勢人物也深恐「拔起蘿蔔帶起泥」，國舅強德於是和苻柳（苻生的弟弟）等政治野心家沆瀣一氣，以官府的名義誣陷彈劾王猛是酷吏。主張以德治國的苻堅閱罷奏文大怒，下詔免除王猛的縣令職務，命廷尉府用囚車把王猛從始平縣押解回京，打入監牢。苻堅親自主持審訊，開口便責備王猛不該違背「為政之體，德化為先」原則，草菅人命，辜負了他的信任。王猛雖痛心苻堅糊塗，但還是抓住最後機會，坦然陳述他的治國主張，並為自己辯護。

苻堅不愧是一代雄主。聽了王猛的陳述，當場認錯釋放王猛，並當著眾大臣的面，稱讚王猛是歷史名相管仲之類的人物。經過此風波後，苻堅和王猛這對搭檔從此磨合到位，君臣精誠團結，協力共謀振興前秦稱雄北方的千秋大業。

為了使王猛能夠更加有力地懲腐打黑，苻堅任命他為尚書左丞，並先後兼任咸陽郡和首都長安的最高行政長官，讓他有足夠的空間和權力大膽做事。王猛也沒有辜負苻堅厚望，只花了一年多時間，便使咸陽、長安「大治」。苻堅興奮之中，竟在一年內連升了王猛五次官職。於是，王猛又身兼丞相、太子太傅、尚書令、司隸校尉，並負責各項軍事。王猛在實現內治後，曾率軍從東晉手裏奪取重要戰略要地荊州，隨後又平定羌族首領劍岐發動的叛亂。不久還剷除了前涼割據勢力。東晉太和四年（公元 369 年），桓溫北伐前燕，王猛先是率兵援助燕國，擊敗桓溫後，隨著借勢滅了腐朽不堪的前燕。至此，王猛可以說是已經實現了他當初確定的戰略目標。可惜多年超負荷工作，精力體力嚴重透支，公元三七五年，年僅五十一歲的他便一病不起，英年早逝。臨終前，交代後事說，現在前秦國力已遠勝於東晉，但東晉一直被視為華夏正統所在，且桓溫死後，謝安等人執掌東晉朝政，政聲不錯，民心歸附，因此忠告苻堅要和東晉建立友好睦鄰關係。

對王猛的臨終遺言，苻堅沒有聽從。後來貿然率軍伐晉，淝水決戰全線崩潰，一代雄主苻堅也死於他曾信賴的羌人姚萇之手。前秦也分裂為幾個小國，重新陷入戰亂血火之中。

專家品析

王猛治國，使前秦成為諸國中最有生氣的國家，因而敢於與群雄角逐，並且愈戰愈強，十年之間便統一了北方。在這個過程中，王猛經常統兵徵討，攻必克，戰必勝，表現出他卓越的軍事才幹和大將風範，比「運籌帷幄之中，決勝千裏之外」而不能「獨當一面」的張良還要略勝一籌，苻堅把他比做「文武足備」的姜尚。王猛既是封建社會傑出的軍事家、政治家，也是武勇的戰將。

政治主張或政論著作

王猛治國，主張關注民生、勸課農桑、嚴肅法制，對恢復發展生產力、實現「關中大治」，起了關鍵性作用。他在抓好內治的同時，對外加強國防建設，對提高部隊戰鬥力等方面都很有成效。

16 運籌帷幄中，決勝千里外

——謝安・東晉

生平簡介

姓　　名	謝安。
字	安石。
出生地	會稽郡山陰縣（今浙江紹興）。
生　　年	公元三二〇至三八五。
身　　份	宰相、名士。
主要成就	淝水之戰東晉方決策者、挫敗桓溫篡位。

名家推介

謝安（公元 320-385），東晉政治家、軍事家。漢族，浙江紹興人，祖籍陳郡陽夏（今河南太康）。東晉孝文帝時任太保，孝武帝時任中書令。封建昌縣公，諡號「文靖」，追封廬陵郡公。他是東晉名士，志趣高雅，深謀遠慮。後人讚譽他有運籌帷幄、決勝千里之能。

名家故事

太元元年（376 年），晉孝武帝司馬曜親政後，任命謝安為中書令，第二年又加授他為侍中（宰相），負責揚、豫、徐、兗、青五州各項軍事。從此，謝安掌起了東晉的軍政大權。雖然外姓篡權的危機已經過去，但東晉政權仍舊面臨著嚴重的內憂外患。內部皇族與世家大族之間的矛盾、世家大族互相之間的矛盾從來就沒有消失過；外部卻又受到了日益強大、業已統一了北方的前秦的威脅。

在這種形勢下，謝安為了緩和士族之間的矛盾，穩定政局、團結異己，共同維護東晉皇室，很注意搞好同桓氏家族之間的關係。桓溫死後，謝安不僅沒有打擊排擠桓氏家族，還讓桓溫的弟弟桓沖接替了他哥哥的權位，讓另一個弟弟桓豁做荊州刺史，主持長江中游的軍事。他不計前嫌，寬宏大量，深深感化了桓氏兄弟。

謝安除了均衡士族之間的勢力、化解集團矛盾之外，作為宰相，還特別注意選拔人才，進行人事制度改革，無論是文才還是武將，他用人唯才，不避親疏。

東晉在備戰前秦之際，謝安主持採取了一系列減輕百姓負擔的措施，進行了制度上的改革。他執政後，每遇水旱災害，朝廷必會減免租稅。太元四年，他還下令御供從儉、百官俸祿減半，停止一切非軍國要事的差役和費用。期間進行了兩次重要改革，第一次解除「度田收租制」；第二次減免煩費，削減官吏七百餘人。這些改革措施受到百姓的歡迎和好評，通過改革，不僅減輕了人民的負擔，而且集中了國家的物力、財力，做好了御敵準備。為了抵御前秦的進攻，謝安還進行了積極的軍事準備，建立僑郡、僑州，平時務農以充軍糧，閒時習武，組建了軍事後備力量。

公元三八三年八月，前秦百萬大軍進攻東晉，淝水之戰由此拉開序幕。苻堅令弟弟苻融率步騎二十萬人為前鋒，大軍指向淮南；以羌族人姚萇為龍驤將軍，率軍順流東下，苻堅自己從長安統步兵六十多萬，騎兵二十多萬，前後綿延數千里，旗鼓相望，向東晉進發。

東晉聞訊，舉國震恐，謝安建議孝武帝命他的弟弟謝石任徵討大都督，謝玄為前鋒都督，謝琰為輔國將軍，統兵八萬，馬上北上御敵。

東晉大軍與前秦軍隊相隔淝水遙相對峙，秦軍先鋒部隊被東晉軍隊挫敗，但兵力仍是晉軍的幾倍，並且主力正不斷到達，形勢依然很嚴峻。東晉將帥經過精密策劃，想出妙計，謝玄派了使臣告訴苻融說：「你們孤軍深入，在淝水岸邊紮營布寨，雖然可以使我們長相對峙，但卻不利於速戰速決。如果你們稍微向後退一退，在岸邊騰出一塊空地做戰場，豈不是更好？」苻堅也有自己的想法，他覺得答應對手的要求也未嘗不可，等晉軍渡河到一半時，便可以發動鐵騎進攻，殺他個措手不及，於是下令後撤。沒想到，秦軍一退就亂了陣腳，東晉派出的奸細朱序又夾在秦兵中大聲呼喊：「秦軍敗了！秦軍敗了！」前秦大部分士兵是被強迫徵來作戰的，無心與東晉作戰的各族俘虜，更是亂作一團，不可收拾，東晉借機大舉進攻，於亂軍中殺死前秦前鋒主帥苻融，苻堅也被亂箭射中。秦軍於是潰不成軍，爭相逃命，自相踐踏，死傷遍地。不少士兵風聲鶴唳，都以為是追兵趕到，更加慌不擇路，日夜狂奔，苻堅在慕容垂的護衛下回到了洛陽，淝水之戰就這樣以前秦的慘敗畫上了句號。

淝水之戰的捷報送到京城時，謝安正在府中與客人下棋。他拿過捷報看了一眼，便隨手放在一邊，繼續下棋，若無其事。送走客人後，他再也抑制不住興奮的心情，返回內室，竟忘了邁門檻，把拖鞋底部的木齒都撞斷了。

淝水之戰的勝利，使東晉又渡過了一次亡國的危機，謝氏家庭的政治地位也隨之達到了巔峰。朝廷為了褒獎功勳，加封謝安為太保、負責十五州各項軍事；任命謝玄為荊、江兩州刺史。

謝安晚年雖功成業就，名蓋天下，但憶起昔年隱居東山的悠閒生活，仍無限思念。後來，遭到司馬道子的排斥，更加想要隱退。在新城造船鑿舟，做航海的準備，一旦時機適當，便想告老還鄉，再去過山水間的生活。就在這一年七月，謝安病倒了，請求返回京師。走前他對北伐作了部署，命令淝水之戰的功臣龍驤將軍朱序駐紮洛陽；前鋒都督謝玄駐紮彭沛，互為犄角，待來年汛期水漲，東西兩路一齊渡江北伐。部署完畢，才與兒子謝琰一起回到建康，上書請求退職。八月廿二日，謝安病死在建康，終年六十六歲。東晉朝廷隆重追悼謝安，孝武帝親臨靈堂三天，追贈太傅，謚文靖。十月，追封廬陵郡公。

專家品析

謝安一生為官從不卑躬屈膝，既不違背自己的準則，又能拒權臣而扶社稷，處處以大局為重，家族利益服從於國家利益，不結黨營私，調和了東晉內部矛盾；功成名就之時，激流勇退，不戀權位。因此，謝安被後世人視為良相的代表、「高潔」的典範。

謝安多才多藝，通音樂，對儒、道、佛、玄學均有較高的素養；治國以儒、道互補；性情閒雅溫和，處事公允明斷，不專權假私，不居功自傲，有宰相氣度、儒將風範，這些都是謝安為人稱道的品格。

古代著名學者從不同角度對謝安的功業給予了充分的肯定，作為一位優秀的政治家和軍事家，謝安是當之無愧的。

政治主張或政論著作

謝安為官從不卑躬屈膝，不違背自己的準則卻能拒權臣而扶社稷；他自己當政時，又處處以大局為重，不結黨營私，不僅調和了東晉內部矛盾，還於淝水之戰擊敗前秦並北伐奪回了大片領土；而到他北伐勝利、正是功成名就之時，還能激流勇退，不戀權位。因此，謝安被後世人視為良相的代表、「高潔」的典範。

17 文武雙大略，天下為己任

——高熲・隋

生平簡介

姓　　名	高熲。
字	玄昭。
出 生 地	渤海縣（今河北景縣）。
生　　年	公元五四一至六〇七。
身　　份	隋代名相。
主要成就	高熲是一位傑出的政治家和軍事家，對隋代的統一和發展做出了極其重要的歷史貢獻。

名家推介

高熲（公元 541-607），字昭玄，渤海蓨縣（今河北景縣）人。隋代名相，傑出的政治家，著名的軍事家、謀臣。

高熲善於識別和推薦人才，保護有功之臣，以天下為己任。他為官從政期間，深得楊堅信任，是隋文帝的得力助手，為隋代的統一和發展做出了極其重要的歷史貢獻。

名家故事

北周大定元年（581 年）二月，總攬北周大權的丞相楊堅廢周建立大隋，即隋文帝。隋文帝拜高為尚書左僕射，兼納言，進封渤海郡公，朝臣無人能比，高熲深知高處不勝寒的道理，便上表讓位。不久，被拜為左衛大將軍。

開皇元年（581 年），高熲奉隋文帝之命修訂大隋刑律，制定新律，並對舊律作了一定程度的改進。

隋文帝楊堅想吞併江南，統一南北，但卻苦於沒有良將，便問高熲，於是他舉薦了賀若弼和韓擒虎。開皇元年三月，隋文帝任命賀若弼、韓擒虎分別擔任吳州和盧州總管，做好了滅陳的前期準備工作。

開皇二年（582 年）正月，隋軍攻佔甑山鎮、涓口等地。二十四日，陳國派來使者與大隋講和，並把佔領的胡墅歸還給大隋。當時由於北方突厥經常襲擾，對剛剛立國的大隋威脅較大，隋文帝做了戰略調整，改取南徵為北戰，採取先北後南的統一戰略。正好趕上陳宣帝去世，按禮數不該討伐國喪之家，於是高熲下令停止攻陳，撤回軍隊。

開皇八年（588 年）十月，隋文帝在壽春設立淮南行臺省，任命晉王楊廣為行臺尚書，主管滅陳的各項事宜，集中水、陸軍五十多萬人，兵分八路攻打陳國。高熲被任命為晉王楊廣元帥長史，楊廣雖為主帥，但不懂軍事，所以各項軍事均由高熲負責。十二月，隋軍到達長江沿岸，並發起進攻，勢如破竹，進展迅速。開皇九年正月二十日，攻入建康（今江蘇南京），俘虜了陳後主陳叔寶，結束了東晉以來南北紛爭的局面，實現了全國的統一。高熲因為功勞大，而被隋文帝加授齊國公。

一直以來，高熲深得隋文帝的信任和倚重，但高熲深避權勢，多次辭讓官爵，都被隋文帝拒絕，君臣感情深厚。隨著立太子一事的發展，這種關係卻漸漸淡化了。

皇后獨孤氏性格悍妒，與楊堅生有五子：太子楊勇、晉王楊廣、秦王楊俊、蜀王楊秀、漢王楊諒。這一母所生的五兄弟為了爭奪皇位大打出手，千不該、萬不該的是，高熲捲入了這個漩渦中。

開皇末年，晉王楊廣騙取了獨孤后的信任，又通過宇文述結交了楊素，獨孤后和楊素裏應外合，對太子楊勇進讒言。朝臣也被楊廣收買了不少，甚至有人上書改立晉王為太子，於是楊堅漸漸地認為太子楊勇不如晉王楊廣賢明。

因為高熲得罪了楊廣，又主張立楊勇為儲君，因此隋煬帝楊廣一繼位，高熲便做了太常。隋煬帝是一個聲色奢侈之徒，高熲還是舊作風，是是非非，知無不言，言無不盡。他認為煬帝這一做法，將引發惡劣的風氣，因此上奏要他改變自己的做法。他雖然知道煬帝歡喜奉承，不喜歡聽不同意見，但職責所在，他無法沉默不言，為了保持大臣風度，為了不玷污自己的名聲，他必須這樣做。後來，煬帝又發令修建抵御北方胡人的長城，消耗錢糧極大，勞民傷財，更使天下騷動，高熲認為此舉並非良好的治國之道。因為文帝時突厥屢次南犯，沒有長城的阻擋，大隋也都是憑武力擊退了他們，國家沒受多大的損害，他認為煬帝此舉很不當，他雖未明顯表示反對，但內心很是痛苦。

煬帝為政，奢靡浪費，尤其喜愛聲色犬馬，而高熲憂國憂民，曾對大臣們說：「近來朝廷，綱紀有些混亂。」不料這些言論，都被密告於煬帝，煬帝不但不借鑒警惕，反以為他是在「誹謗朝政」，下詔要殺了他。那些阿諛的小人，沒有一個替高熲說一句公道話。高熲就在這種情形之下，犧牲了生命，兒子也被充軍到邊陲，天下人都為高熲鳴冤，並都很同情。高熲的悲慘結局，主要原因就是捲入了立太子的權利之爭，楊勇失敗了，他自然也就成了政治的犧牲品。

專家品析

高熲輔佐隋文帝二十年，為隋朝政治、經濟、軍事各方面做出了重要的貢獻。高熲作為傑出的政治家和軍事家，對隋代的統一和發展做出了極其重要的歷史貢獻。其業績為後世留下了深遠的影響，堪稱隋朝第一名臣。

政治主張或政論著作

高熲一生為官善於識別和推薦人才，保護有功之臣，以天下為己任。在高熲的主持下，改革各種行政、官制制度，斟酌損益，建立新制，他為鞏固和發展隋朝的統一局面做出了卓越的貢獻。

18 籌謀帷幄臣，社稷功勳相

——房玄齡・唐

生平簡介

姓　　名	房玄齡。
別　　名	房喬。
出 生 地	濟南章丘相公莊。
生　　年	公元五七九至六四八。
主要成就	唐代初年著名良相、傑出謀臣，著有《唐律疏議》，釐訂典制，主持編著《大唐新禮》。

名家推介

房玄齡（公元 579-648），字喬，齊州臨淄（今山東章丘市）人。唐代初年著名丞相、傑出謀臣，大唐「貞觀之治」的主要締造者之一。

他博覽經史，學識淵博。隋末大亂，他投奔李世民受到重用。房玄齡是有史以來任丞相時間最長的一位，也是中國歷史上最為著名的賢相之一。他與杜如晦、魏徵一道輔佐唐太宗，創造了歷史上著名的大唐盛世「貞觀之治」。

名家故事

房玄齡十八歲時中進士，由於父親常年重病臥榻，他一直伺奉左右，極其孝順。李世民領兵經過渭北，房玄齡拜見並投靠了秦王，兩人一見如故，李世民認命他為記室參軍，為報知遇之恩，他竭盡心力籌謀各項軍政事務。

在李世民秦王府中十多年，房玄齡主要負責管理文牘，每逢寫軍書奏章，一氣呵成，文字簡約、義理豐厚，從來不用草稿。唐高祖李淵也對房玄齡深加讚賞，曾對侍臣說：「此人善解人意，每當替我兒世民陳說事務時，雖遠在千里之外，卻如見其人，可以委以重任。」聰明的李世民從房玄齡身上，看到了山東江南龐大的「智囊團」，很快就把房玄齡視為心腹中的心腹，賦予他行使中樞職責，然後以一種「不足為外人道」的方式，把招攬士族賢才的重任交給了他。每攻滅一方割據勢力，軍中許多人都全力搜求珍寶異物，唯獨房玄齡四處尋訪英傑人物，並推薦給秦王李世民，因此秦王府中的謀臣猛將，十分感念房玄齡推薦之恩，都盡力報效。從此，不是房玄齡一個人走到了李世民面前，而是整個山東士族和江南華族。

貞觀之前，房玄齡協助李世民經營四方，削平群雄，奪取皇位，李世民稱讚他「籌謀帷幄，定社稷之功」。貞觀元年，他代替蕭瑀為中書令，太宗論功行賞，把他跟長孫無忌、杜如晦、尉遲敬德、侯君集五人作為一等功臣，並進爵為邢國公，賜實封一千三百戶。

貞觀三年，唐太宗任命他為太子少師，他堅決推辭不接受，只是代理太子的日常事務，兼任禮部尚書。第二年，接替長孫無忌為尚書左僕射，監督編寫大唐國史。房玄齡盡心盡力輔助唐太宗，加之他明理為官之道，任人唯賢，不分卑賤，每當人們說起他，都稱他為良相。

他擔任總領百官的丞相後，日夜虔誠恭敬，盡心竭力，使物盡其用，人盡其才。對行政事務明晰練達，用文獻經典來整理政策制度；審查修訂法令，力求寬容、平穩；選人從不求全責備，不以己之長來要求他人，不排斥他人。唐高宗成為太子後，加封他為太子太傅，仍然主持門下省事務，監管編撰國史。撰寫《高祖太宗實錄》完成後，被太宗賞賜璽書表彰，賜物一千五百段。這一年，房玄齡因為繼母去世服喪離開職位，朝廷特意下詔在昭陵賜給墓地。不久，他又重返職位，參與制定典章制度，使唐律比前朝顯得寬鬆，律條也更加完備，制定了中國現存最古老、最完整的封建刑事法典《唐律疏議》，對後世影響極大；他監修國史，主編了二十四史的《晉書》；與魏徵同修唐禮；調整政府機構，為此成了中央官員中推行貞觀善政的首要人物。

他任宰相十五年，女兒為韓王的妃子，兒子房遺愛娶高陽公主，顯貴至極，但特別謙卑，從不炫耀功勞。貞觀十八年，李世民親徵遼東高麗，命房玄齡留守京城。

貞觀二十二年，古稀的房玄齡身體越來越差。而此時，比他年輕很多的皇帝也已重病纏身，太過絢爛的一生迅速地消耗掉了太宗李世民的壽命。重病中的李世民讓人把房玄齡抬到殿中，在御座之側放下，君臣對坐流淚，竟是相視無言。太宗命太醫治療房玄齡的疾病，每日以御膳供房玄齡食用，聽說他的病有好轉，太宗就喜形於色；聽見病情加重，馬上愁容頓現。臨終之時，房玄齡對諸子說：「當今天下清平，只是皇上東討高麗不止，正為國患。主上含怒意決，臣下莫敢犯顏。我知而不言，就會含恨而死啊。」於是抗表進諫，請求太宗以天下蒼生為重，罷兵停止徵伐高麗，太宗見表，感動地對房玄齡的兒媳高陽公主說：「房相病危將死，還能憂我國家，真是太難得了。」貞觀二十三年，房玄齡去世，享年七十二歲，朝廷三日不上朝。

專家品析

房玄齡一生智能高超、功勳卓越、地位顯赫。善用偉才、嚴於律己、自甘卑下。「群星捧月月隱平，治世夜空燦月明」，是對他特有的名臣氣度、良相風格的贊言。作為一名雅士，他是可佩可學的典範；作為一代勳臣，他堪稱可歌可頌的英賢。

房玄齡做了二十二年的宰相，總是日復一日處理著繁雜的日常行政事務，讓一個高度精簡的行政機構，發揮出強大的作用，支撐起貞觀之治的日常大局。

政治主張或政論著作

房玄齡日夜操勞於繁雜的行政事務，讓一個高度精簡的行政機構，發揮出強大的作用，支撐起貞觀之治的日常大局，他有著令人驚歎的辦事效率和實幹能力。

19 賢輔逢明主，貞觀唐室興

——杜如晦・唐

生平簡介

姓　　名	杜如晦。
別　　名	杜克明、司空、萊國成公。
出 生 地	陝西長安縣。
生 卒 年	公元五八五至六三〇。
身　　份	唐代名相。
主要成就	輔佐太宗，開創「貞觀之治」。

名家推介

杜如晦（公元 585-630），字克明，漢族，京兆杜陵（今陝西西安市長安區）人。淩煙閣二十四功臣之一，唐初名相。封蔡國公，謚號「成」。

他參與了「玄武門兵變」，協助李世民登上皇位，與房玄齡一起共掌朝政。兩人配合默契，理政建制，奠定了貞觀之治的基礎，歷史上稱謂：「房玄齡善謀，杜如晦善斷。」後世論唐代良相，首推「房、杜」。

名家故事

隋大業十三年底，李淵父子率軍攻克長安，次年建立大唐。秦王李世民聞知杜如晦足智多謀，便召進府中任兵曹參軍。唐政權初建，需要向各地選派官員，當時秦王府聚集了許多有才能的幕僚，一部分已被調出去任職，房玄齡對李世民說：「杜如晦聰明有膽識，是難得的人才，要建立帝業，必須得此人輔佐，別的人調走不足惜，唯獨他不能調走。」李世民聽了這些話，立即上奏唐高祖，要求將杜如晦留任秦王府。從此，杜如晦跟隨李世民左右，參與各種政治軍事決策，成為李世民智囊集團中的核心人物。

唐武德元年八月，盤據隴右一帶的西秦薛舉兵強馬壯，趁李唐政權立足未穩，出兵東犯。唐高祖派李世民統兵徵討，杜如晦隨軍參戰，經過兩次交戰，唐軍徹底打垮了西秦勢力，解除了西北方面的威脅。李淵為嘉獎李世民和屬下，杜如晦隨李世民出任大行臺司勳郎中，食邑三百戶。後來，李世民連續統兵東徵劉武周、宋金剛、王世充等武裝割據勢力，杜如晦每每隨行，參謀籌畫。武德四年十月，李世民為了籠絡人才，研究文籍，設立了文學館，設置十八學士，杜如晦被選為學士。同年，李世民建立天策府，以杜如晦為從事郎中。

隨著大唐政權的鞏固和發展，在皇太子李建成和秦王李世民之間，展開了一場爭奪皇位繼承權的鬥爭。杜如晦和房玄齡為李世民出謀劃策，鼓動他先發制人，發動政變，除掉李建成和李元吉。建成和元吉也在加緊策劃，企圖翦除李世民羽翼，在唐高祖李淵面前誣陷詆毀李世民的幕僚，他們向高祖上奏，說房、杜二人對朝廷不利，唐高祖便令將房、杜二人趕出秦王府，並不許以後私見李世民。當李世民下定決心要和建成、元吉進行最後決戰時，便密派尉遲敬德召來房玄齡、杜如晦入府商量，杜如晦化裝成道士模樣，隨長孫無忌潛入秦王府，經過一番周密安排後，武德九年六月四日凌晨，李世民率杜如晦、尉遲敬德等一班親兵家將，發動了歷史上著名的「玄武門事變」，殺了李建成和李元吉，消滅了政敵。李世民為皇太子，拜杜如晦為太子左庶子。同年八月，李淵被迫退位，李世民當了皇帝。唐太宗登基後不久，杜如晦就被太宗拜為兵部尚書，杜如晦多年隨李世民參贊軍機，尤其是在策劃政變、幫助李世民奪取皇位的過程中有功，進封為蔡國公。貞觀初年，他與房玄齡共掌朝政，制定典章，品選官吏，朝堂上好評如潮。

李世民登基之初，立刻任命房玄齡為左僕射、中書令，掌管中書省業務；任命杜如晦為右僕射、兵部尚書，掌管門下省事務。二人一個善謀一個善斷，配合默契，可謂李世民的左膀右臂。雖貞觀之初經歷了很嚴重的自然災害和內憂外患，卻也很快呈現出一派治世的景象。貞觀四年，國家經濟開始繁盛，社會安定，政治清明，人民富裕安康。與此同時，唐朝大軍一舉殲滅東突厥，在軍事和外交上也取得了輝煌的勝利，是貞觀歷史上值得大書特書的一年。

也是在這一年，杜如晦病重，李世民親自去探望，並暗自流淚，在他咽氣前，唐太宗加封其子杜構為尚舍奉御。即使皇帝也無力挽回杜如晦的生命，同年十二月，杜如晦因病而死，年僅四十六歲。太宗傷心至極，贈司空，封蔡國公，謚號「成」。唐太宗手詔為他製做了碑文。以至於後來有一次唐太宗吃到美味的香瓜，忽然憶起杜如晦，愴然淚下，於是派人將自己所吃食物的一半供奉在這位文臣的靈牌前。在杜如晦的每年忌日，太宗都派人到他家裏慰問他的妻兒老小，一直保持著他公府的官吏僚佐職位。

專家品析

大唐李世民一生在治理國家方面，勵精圖治，開展了一系列政治改革。杜如晦作為李世民的主要謀臣，發揮了重要作用，凡是軍政大事，他都參與議定，在協助唐太宗建立朝章制度、選用官吏、確立法制等各方面發揮了巨大作用。

他輔助唐太宗開創了歷史上有名的「貞觀之治」。後世評價：房玄齡善謀，杜如晦善斷。時至今日，大唐貞觀的歷史仍然為人們津津樂道，身為左丞右相的杜如晦功不可沒，他也成了後世宰相的楷模。

政治主張或政論著作

杜如晦在協助唐太宗建立朝章制度、選用官吏、確立法制等方面發揮了巨大作用。大唐王朝汲取隋王朝滅亡的教訓，對農業採取了積極的有效措施，生產力得到發展，國家政治形勢趨於穩定，經濟逐步繁榮，開創了歷史上有名的「貞觀之治」。

20 盛世諍諫臣，歷代褒炳人

——魏徵．唐

生平簡介

姓　名	魏徵。
字	玄成。
出生地	巨鹿（今河北邢臺市巨鹿縣）。
生卒年	公元五八〇至六四三。
身　份	政治家。
主要成就	中國史上最負盛名的諫臣、位列淩煙閣二十四功臣。

名家推介

魏徵（公元 580-643），字玄成。漢族，巨鹿（今河北邢臺市巨鹿縣）人。唐朝政治家，唐太宗時頗負盛名的宰相，封鄭國公，諡號「文貞」。

魏徵任宰相期間，恪盡職守，剛正不阿，知無不言，以直諫敢言著稱，是中國歷史上最負盛名的諫臣。他對於唐太宗統治的維護和鞏固以及唐代社會的安定、政治的開明、經濟的繁榮功不可沒。他的諫言情真意切，語出肺腑，旗幟鮮明，窮言不煩，雄辯有力，深得唐太宗信任，被譽為「一鏡」。

名家故事

唐高祖武德元年，魏徵為太子李建成東宮僚屬，玄武門之變後，李世民由於早就器重他的膽識才能，非但沒有怪罪於他，反而任命他為諫官，並經常召進內廷，詢問政事。魏徵喜逢知己之主，竭誠輔佐，知無不言、言無不盡，加之性格耿直，往往據理抗爭，從不委屈求全。

貞觀元年，魏徵被升任尚書左丞，這時，有人奏告他私自提拔親戚做官，唐太宗立即派御史大夫溫彥博調查此事，結果，查無證據，純屬誣告。但唐太宗仍派人轉告魏徵說：「今後要遠避嫌疑，不要再惹出這樣的麻煩。」魏徵當即面奏說：「我聽說君臣之間，相互協助，義同一體。如果不能秉公辦事，只講遠避嫌疑，那麼國家興亡，社稷之重，怎能在君臣之間體現？」為此，他請求太宗要讓自己做良臣而不要做忠臣。太宗詢問忠臣和良臣有何區別？魏徵答道：「使自己身獲美名，使君主成為明君，子孫相繼，福祿無疆，是為良臣；使自己身受殺戮，使君主淪為暴君，家國並喪，空有其名，是為忠臣。」太宗點頭稱是。

貞觀二年，魏徵被授任秘書監，並參與執掌朝政。不久，長孫皇后聽說一位姓鄭的官員有一位年僅十六七歲的女兒，才貌出眾，京城之內，絕無僅有，便告訴了太宗，請求將她納入宮中為嬪妃，太宗便下詔將這一女子聘為妃子。魏徵聽說這位女子已經許配人家，便立即入宮進諫，陳述此事，太宗聽後大驚，當即深表內疚，並立刻決定收回成命。

由於魏徵能夠犯顏直諫，即使太宗在大怒之際，他也敢當廷面爭，從不退讓，所以，太宗有時對他也會產生敬畏之心。有一次，唐太宗想要去秦嶺山中打獵取樂，行裝都已準備停當，但卻遲遲未能成行。後來，魏徵問到此事，太宗笑著答道：「當初確有這種想法，但害怕你又要直言進諫，所以很快又打消了這個念頭。」還有一次，太宗得到了一隻上好的鷂鷹，把它放在自己的肩膀上，很是得意，但當他看見魏徵遠遠地向他走來時，便趕緊把鳥藏在懷中，魏徵故意奏事很久，拖延時間，致使鷂鷹悶死在太宗的懷裏。

貞觀六年，群臣都請求太宗去泰山封禪，以此來炫耀大唐功德和國家富強，只有魏徵表示反對。唐太宗覺得奇怪，便向魏徵問道：「你不主張進行封禪，是不是認為我的功勞不高、德行不夠、中國未安、四夷未服、年穀未豐、祥瑞未至嗎？」魏徵回答說：「陛下雖有以上六德，但自從隋末天下大亂以來，直到現在，戶口尚未恢復，倉庫尚還空虛，而車駕東巡，千騎萬乘，耗費巨大，沿途百姓承受不了。況且陛下封禪，必然萬國雲集，而如今中原一帶，人煙稀少，灌木叢生，萬國使者和遠來的君王看到中國如此虛弱，豈不產生輕視之心？如果賞賜不周，就不會滿足這些人的欲望。免除賦役，也遠遠不能報償百姓的破費。如此僅圖虛名而無益處的事，陛下為什麼還要做呢？」不久，正逢中原數州暴發了洪水，封禪之事從此停止。

貞觀十年，魏徵奉命主持編寫的《隋書》、《周書》、《梁書》、《陳書》、《齊書》（時稱五代史）等，歷時七年完稿。其中《隋書》的序論、《梁書》、《陳書》和《齊書》的總論都是魏徵所撰寫的。同年六月，魏徵因患眼疾，請求解除侍中之職。唐太宗雖接受了他的請求讓他做了一個散職，但仍讓他主管門下省事務，其俸祿、賞賜等一切待遇都與侍中完全相同。

貞觀十二年，魏徵看到唐太宗逐漸怠惰，懶於政事，追求奢靡，便上著名的〈十漸不克終疏〉，列舉了唐太宗執政初到當前為政態度的十個變化。他還向太宗上了「十思」，勸誡太宗要以國家社稷為重。

貞觀十六年，魏徵染病臥床，唐太宗派人前去探望，見魏徵一生節儉，家裏連正房都沒有，立即下令把為自己修建小殿的材料，全部為魏徵營構大屋。不久，魏徵病逝家中，太宗親臨弔唁，痛哭失聲，並說：「夫以銅為鏡，可以正衣冠；以古為鏡，可以知興替；以人為鏡，可以明得失。朕常保此三鏡，以防己過。今魏徵殂逝，遂亡一鏡矣。」

專家品析

魏徵在貞觀年間的上疏，重在強調「兼聽則明、偏聽則暗」的君王之道，這對唐太宗開創的千古稱頌的「貞觀之治」起了重大的作用。

魏徵以性格剛直、才識超卓、敢於犯顏直諫著稱。為了維護和鞏固李唐王朝的封建統治，曾先後陳諫二百多次，勸戒唐太宗以歷史的教訓為鑒，勵精圖治，任賢納諫，本著「仁義」行事，無一不受到採納。

政治主張或政論著作

魏徵提出的「兼聽則明，偏聽則暗」、「居安思危，戒奢以儉」、「寬仁天下」等政治主張，對大唐「貞觀之治」的作用十分巨大，同時對後世產生了深遠的影響。

21 開元之治興，嶺南第一人

——張九齡．唐

生平簡介

姓　　名　張九齡。

字　　　　子壽。

出 生 地　韶州曲江（今廣東韶關市）。

生 卒 年　公元六七八至七四〇。

身　　份　唐開元宰相。

主要成就　直言敢諫，選賢任能，為「開元之治」做出了積極貢獻。著有〈感遇詩〉十二首。

名家推介

張九齡（公元 678-740），字子壽，漢族，韶州曲江（今廣東韶關市）人。他是唐代有膽識有遠見的著名政治家、文學家、詩人，一代名相。

他為官忠心盡職，秉公守則，直言敢諫，選賢任能，不徇私枉法，不趨炎附勢，敢與惡勢力做鬥爭，為「開元盛世」做出了積極貢獻。他的五言古詩，以素練質樸的語言，寄託深遠的人生慨歎和願望，對掃除唐初所沿習的六朝奢靡詩風貢獻尤大，被譽為「嶺南第一人」。

名家故事

唐玄宗開元四年，張九齡向唐玄宗請長假回鄉探視年邁病重的母親，途經梅嶺，親眼看到古道上有峭壁，下有深淵，也親耳聽到古道常有人畜傷亡的慘禍發生，還常有強人劫掠。因此，心中萌發了重修梅嶺古道的念頭。

於是，張九齡在家休假期間，向唐玄宗呈上了開鑿梅嶺新路的奏摺，並派人將奏摺送往長安。唐玄宗看過奏摺之後，大加贊許，朝中文武百官也積極支持，認為張九齡此舉利國利民，值得表彰。唐玄宗批准了奏摺，詔命張九齡開鑿梅嶺新路，並派一支戍邊的官兵速往韶州，聽從張九齡調撥使用。

開元四年農曆十一月初一，張九齡按照當地風俗舉行異常隆重熱烈的開工典禮和祭祀儀式。張九齡主持典禮，工地上萬千民眾和朝廷派來的軍士立即開展了勞動競賽，緊張而有序。張九齡與地方官吏一起，到各地視察工地，慰問民工，有時還和隨從及軍士一起勞動。

經過一年多的奮戰，大庾嶺新路終於被開鑿成功。這對嶺南地區的開發，南北物資的交流，促進政治經濟文化的繁榮發展，均具有極其重大的歷史意義。當地百姓為了答謝張九齡為民辦實事，特地送了一把「萬人傘」。張九齡順利完成任務之後，撰寫了〈開鑿大庾嶺路序〉上奏朝廷。這時，唐玄宗正在東都洛陽巡視，聽說張九齡重修大庾嶺新路大功告成，又看了〈開鑿大庾嶺路序〉之後，不禁大喜過望，也不顧張九齡還在休假，便迫不及待下詔命張九齡即速重整行裝，自韶州趕赴東都洛陽，隨駕還京。回到京都長安之後，張九齡即被提拔為宰相。

唐開元十三年冬，張九齡因進諫唐玄宗泰山封禪不可鋪張浪費、勞民傷財，引起唐玄宗的不滿；後來又在用人方面多次與唐玄宗產生不同意見，加深了君臣之間的矛盾。加上大奸臣李林甫的挑撥離間，開元十五年三月，張九齡終於被免去丞相職務，貶為洪州刺史。

張九齡一到洪州，便與隨從一起深入鄉村體察民情，關心民間疾苦，同時夜以繼日地清理積案，還在獄吏陪同下，親自巡視牢房。

有一年夏天，河南中原大地烈日炎炎，久旱不下雨，某縣縣令為了求雨消災，在一座山坡前面的平地上臨時搭了一個土臺。土臺上坐著一排神情嚴肅的地方官吏。一位身披八卦長袍的道長正在揮舞長劍，口吐火焰，眾巫師圍坐一圈，念念有詞。他們煞有介事地斬妖除魔，呼風喚雨。土臺前面是一片開闊地，黑壓壓的人群衣衫襤褸，長跪不起。土臺一側，幡旗旗下站立著幾個上身赤裸的劊子手，手執大刀，怒目圓睜。劊子手跟前跪著幾名五花大綁即將砍頭祭旗的囚徒。他們有的表情麻木，低頭不語；有的昂首挺胸，視死如歸。囚徒兩旁還有一批陪斬的罪犯，也是捆綁著跪在地上。

大炮響了三聲，劊子手舉起大刀，就在這千鈞一髮之際，一匹飛騎從山坡後面疾弛而來。騎馬人一邊揮鞭抽打快馬，一邊高聲喊道：「刀——下——留——人！」臺上的官員慌了神兒，道長巫師嚇得目瞪口呆，劊子手的大刀停在半空，臺下的萬千民眾一陣騷動，齊刷刷地抬頭往山坡望去。

原來，騎馬人正是張九齡的家院張忠。張忠高舉尚方寶劍，策馬躍上土臺，眾地方官吏一見大驚，連忙跪伏在地，道長巫師更是惶恐地俯伏於地，不敢動彈。張忠下馬收劍，對地方官吏說道：「諸位大人請起，不必驚慌，欽命河南賑災使張大人馬上駕到。」說完帶領土臺上的地方官吏走下土臺，列隊迎接張九齡的到來。張九齡告訴地方官吏：「本官來此之時，見一黃河支流，水源充足，離此不到十里，只要築壩開渠，可引水灌田，此乃抗災為民長遠之計！」

於是，張九齡命令開倉放糧，百姓個個歡呼雀躍。一場築壩引水工程開始了。張九齡親自與地方官吏一同勘察地形，指導施工，經過一個多月的奮戰，大功告成，張九齡的放賑抗災取得了圓滿成功。

開元二十四年八月五日千秋節（玄宗生日），張九齡送《千秋金鑒錄》做賀禮，勸皇帝勵精圖治。開元二十八年春，張九齡歸故鄉掃墓，五月七日於韶關曲江病逝，享年六十三歲，被追封為荊州大都督，諡文獻。

專家品析

張九齡是開元時期的賢相之一，也是唐代唯一一個由嶺南書生出身的宰相。他耿直溫雅，風儀甚整，時人譽為「曲江風度」。

張九齡能守正嫉邪，剛直敢言，成為「安史之亂」前最後一位忠心為國、舉足輕重的唐室大臣。他曾堅拒武惠妃的賄賂，粉碎了她危及太子的陰謀；也曾反對任用奸佞的李林甫、庸懦的牛仙客為相，以至屢次違背唐玄宗的思想而丟了官。他目光遠大，曾經寓言安祿山「相貌有反相，不殺他將來必為後患」。然而唐玄宗並未採納，後來「安史之亂」，玄宗倉皇跑到蜀地，想起張九齡所說的話，痛哭之餘，只有派使臣祭奠故人而已。

政治主張或政論著作

張九齡提出的「人本思想，以體現為人民福祉而施政」，張九齡在政治上感到勢單力薄，在一次又一次複雜的政治鬥爭後，會產生潔身自好、明哲保身，不願也不屑與小人計較的想法，是毫不足怪的。他這種思想對後世、現實都有借鑒意義。

22 三登唐相位，政績創功勳

——姚崇・唐

生平簡介

姓名	姚崇。
字	元之。
出生地	陝州峽石。
生卒年	公元六五〇至七二一。
身份	政治家。
主要成就	歷任武則天、唐睿宗、唐玄宗三朝宰相，有「救時宰相」之稱。

名家推介

姚崇（公元 650-721），本名元崇，字元之，唐朝著名政治家。他出身於官僚家庭，年輕時喜好逸樂，年長以後，才刻苦讀書，大器晚成。歷任武則天、唐睿宗、唐玄宗三朝宰相，有「救時宰相」之稱。特別是在玄宗早期為相，對「開元盛世」貢獻巨大，對後世影響極為深遠。

名家故事

姚崇自幼為人豪放，崇尚氣節，才幹出眾。進入仕途後，一帆風順，青雲直上。武則天時，做兵部郎中。這時東北的契丹族不斷侵擾中原，武則天一再派大兵抵御，因此兵部的事務特別繁忙，姚崇的才幹也得到了充分發揮，那些紛繁複雜的事務到了他的手裏，處理得乾淨利索、井井有條。兵部是中央機關，消息很快就傳到武則天那裏。武則天特別愛才，很賞識姚崇，立即提拔他為兵部侍郎。

姚崇在兵部任職沒多久，又轉到刑部任職。他辦案公道，保過不少人，對刑部的各方面情況也比較熟悉；同時對武則天也比較了解，知道她重用過一些壞人，濫殺了許多無辜，然尚未完全被壞人控制，也任用一些正派人主管刑法，並在這個問題上能夠聽得進不同的意見。每次他針對武則天提的問題，都能直率而又誠懇地陳述自己的看法，他說：「自垂拱年以來，被告得家破人亡的人，幾乎都是冤枉的。告密的人因此而立功，天下都在羅織人的罪名，情況比漢朝的黨錮之禍還要厲害。陛下派人到監中查問，被派去的人自身都難保，怎麼敢去動搖原案呢？被問的人若要翻案，又怕遭到那些人的毒手。全靠老天保佑，皇上你醒悟過來，誅殺了壞人，朝廷才可能安定下來。從今以後，我以自身及全家百口人的性命擔保，現在內外官員中再也沒有謀反的人。懇求陛下，今後要是收到告狀，只是把它收存起來，不要去追究就是了。假若以後發現證據，真的有人謀反，我甘願承受知而不告之罪。」對於這一尖銳的批評和意見，武則天非但沒有發怒，反而表現得很高興。她說：「以前宰相順從既成的事實，害得我成了個濫行刑罰的君主。你所說的，很是符合我的心意。」並賜給他白銀千兩。至此，姚崇與武則天君臣進一步相知。

公元六九八年，武則天破格提升他為尚書，兼任相王李旦府長史。五年後，因得罪武則天內寵張易之、張宗昌兄弟，他們借突厥犯境之際，把他調任充當安撫大使。臨行時，姚崇推薦了張柬之任宰相。七〇五年，武則天病重，姚崇從邊關回京，同張柬之密謀殺死了張氏兄弟，逼武則天讓位給太子。李顯繼位，以姚、張為宰相，因為姚崇有功，加封為梁縣侯。後來唐中宗繼位，由於武家勢力十分強大，姚崇沒有接受相位，以種種藉口出任亳州刺史。之後宰相張柬之被殺，武三思和韋后掌權，太子殺死武三思，韋后和安樂公主毒死中宗掌握朝中大權。

一直到開元元年（713 年），唐玄宗繼位後，消滅了太平公主的黨羽，鞏固了地位，決定起用姚崇為相。十月，唐玄宗在驪山下舉行盛大閱兵式，二十萬軍隊，旗幟相連五十餘里，但軍容不整，秩序紊亂。看到這種情況，玄宗大怒，下令把閱兵式總指揮宰相兼兵部尚書郭元振罷官流放，宣召姚崇速赴驪山行營。姚崇趕到驪山時，玄宗正遊獵於渭河之濱。即拜姚崇為兵部尚書、同中書門下三品，代替郭元振做宰相。

姚崇出任宰相後，第一件事就是向唐玄宗建議改除武則天晚年以來十幾年間混亂政治的種種積弊。主要是罷免冗官，行法自近，禁絕賄賂等。玄宗很爽快地全盤採納，並全力支持姚崇逐條落實。姚崇任宰相三年，實行了選賢任能、獎勵清廉、精簡機構、裁減冗員、懲治貪官、愛護百姓的清明政治，為「開元盛世」奠定了基礎。姚崇被譽為「救時宰相」，與唐太宗時的房玄齡、杜如晦並稱為賢相。

開元九年（721 年）九月丁未日姚崇去世，享年七十二歲。當時經濟繁榮，社會上特別是官吏中厚葬成風。姚崇對這一風氣極為反感，去世前留下遺囑：不准崇佛敬道，不准厚葬，只給他穿平常的衣服，不要抄經寫像，並告誡子孫去世後也要照他的囑咐去做，成為家法。姚崇節儉辦後事的故事被後人傳為佳話。姚崇死後，葬於汝州梁縣，墓冢在今汝陽縣境內。

專家品析

姚崇不是一個高談闊論的理論家，而是一個腳踏實地、勇往直前的實幹家；他不但是一個具有雄才大略、宣導「為政以公」的偉大政治家，還是一個不屈不撓、勇於犧牲的偉大實踐家；他不僅是一個善於應變的偉大改革家，更是一個以人為本的唯物論者。他為國家、為百姓做出的卓越貢獻，百姓將世代銘記！

政治主張或政論著作

暢行「為政以公」和「廉政勤儉」的吏治思想；以天下為己任，為之奮鬥而百折不撓的政治家；善於應變而遇事果敢的改革家；以人為本而實事求是的唯物論者。

23 勵精圖治國，開元盛世功

——宋璟・唐

生平簡介

姓名	宋璟。
字	廣平。
出生地	河北省邢臺市南和縣。
生卒年	公元六六三至七三七。
身份	政治家。
主要成就	勵精圖治，開創「開元盛世」。

名家推介

宋璟（公元 663-737），字廣平，河北邢臺市南和縣閻里鄉宋臺人，唐朝著名政治家。

唐代中期的名臣，歷經武則天（唐中宗）、唐睿宗、唐玄宗三朝，曾任御史大夫、京兆尹、尚書右丞相等重要職位。在任五十二年，一生為振興大唐勵精圖治，與姚崇同心協力，把內憂外患的唐朝，變成政治、經濟、文化、軍事處於世界領先地位的大唐帝國，史稱「開元盛世」。

名家故事

宋璟性情耿直，敢於犯顏直諫。當時張易之、張宗昌是武則天最寵信的人，他們一手遮天，炙手可熱。二張誣陷長史魏元忠有反叛之心，並拉上鳳閣舍人張說作偽證，第二天到御前廷辯。張說十分害怕，說謊對不起自己的良心，說實話又得罪不起二張。宋璟大義凜然地對張說道：「明天在聖上面前你就如實以告，如果你有什麼不測，我半夜敲開城門，與你一同赴死。」受到宋璟鼓勵，張說實事求是，魏元忠才免遭一死。

後來，張易之請星相家為他占卜吉凶，因為他涉嫌謀反，被人告發。宋璟奏請武則天嚴加懲處，武則天打圓場道：「這事他本人已經跟我說了，就不必再追究了。」宋璟說：「是因為事情敗露他才不得不說，再說謀反大罪，斷無寬恕之理，應移送御史臺嚴加審訊。我知道易之跟隨聖上多年，分外得到您的寵信，彈劾他必定會惹上大禍，但我出於正義的良心，即使被您處死也沒什麼遺憾！」武則天無論怎麼樣也不想把張易之下獄，不禁面露不悅之色，後來在宋璟和其他大臣的一再堅持下，才不得不把張易之送御史臺查辦，但很快就又被特赦。在武則天的授意下，張易之向宋璟登門謝罪，宋璟拒而不見，對來人說：「如果是公事，明天到朝堂去說；如果是私事，則法不容私！」

宋璟與二張由此結下了矛盾，而二張對宋璟又恨又怕。有一天朝宴，二張位居三品，應坐上席，宋璟六品，應坐下首。張易之為了緩和矛盾，在上席空出一個位子讓他就坐，並說：「您是第一人，應坐上座。」宋璟反唇相譏道：「如果才劣品卑，張卿以為的第一人又能如何？」當時朝廷上都稱張易之為五郎，天官侍郎鄭善果對宋璟說：

「你怎麼稱五郎為卿呢？」宋璟回答道：「若以官職論，正應該稱之為卿；若以親朋故舊論，叫張五就可以了。你又不是易之的家奴怎麼能以郎稱呼他呢？」說得鄭善果臉上一會兒紅一會兒白，無地自容。從此張易之處心積慮地陷害宋璟，但宋璟坐端行正，沒有把柄，再加上武則天是個明白人，大事不糊塗，不聽信讒言，張易之的陰謀終未得逞。到唐中宗神龍元年，宋璟升任吏部侍郎兼諫議大夫。

宋璟的第二個政治對手是武三思。武三思是武則天娘家的侄子，仗著武后勢力發跡，到中宗時官拜司空、同中書門下三品，權傾朝野，氣焰熏天。朝臣們都懼他三分，唯獨宋璟不買帳，宋璟警告武三思道：「你不要忘了呂產、呂祿的事！」二呂是西漢時呂后的侄子，呂后死後被周勃、陳平誅殺。不幸的是，武三思的下場真被宋璟言中，景隆元年，武三思因密謀廢太子李重俊而被誅殺。

宋璟對奸佞橫眉冷對，對百姓則是甘為孺子牛。當時人們稱宋璟為「有腳陽春」，說他像春天一樣，走到哪裡，哪裡就是一片和煦的春風。他任廣州都督時，沿街店鋪都是茅草蓋頂，一旦發生火災，往往火燒連營，百姓不堪其苦，卻又想不出什麼好辦法。宋璟教人們燒製陶瓦替換茅草，自此再無火燒之患。宋璟離任後，廣州百姓感動他的惠澤，要為宋璟立碑歌功頌德，宋璟堅決拒絕。

宋璟歷任鳳閣舍人、御史臺中丞、吏部侍郎、吏部尚書、刑部尚書等職。唐開元十七年拜為尚書右丞相，進爵廣平郡開國公，經武則天、唐中宗、少帝、睿宗、玄宗五帝，在任五十二年。他大力推進改革弊政，選賢任能，杜絕賄賂之風。當時每年地方派人定期向皇帝、宰相彙報工作。使者進京，往往多帶珍貴寶貨，四處送禮，巴結權貴，許多官吏收禮受賄，使者也多有因此得以晉升。宋璟面奏玄宗同意，勒令所有禮品一概退回。經過一系列改革，使經歷了「安史之亂」的唐王朝劫後中興，成為當時世界上強大的帝國，史稱「開元盛世」。

唐大曆五年，宋璟去世淵十三年之後，顏真卿應其後裔之託，撰文並書寫了〈廣平文貞公宋公碑〉，又稱〈宋璟碑〉。又歷時兩年多，於大曆七年墓碑鐫刻完成，立於宋璟墓地。碑文三千多字，敘述了宋璟這位中唐政治家的政治經歷和一生偉績。

專家品析

宋璟同姚崇一樣，是我國唐代著名政治重臣。唐朝三百年間，有「前有房、杜，後有姚、宋」之說。

宋璟為官從不為自己爭名謀利，一生嚴以律己，寬以待人，均體現了他愛民如子的高尚品德。他開元初年剷除時弊，推行改革，查禁回收流行市場的偽幣，採取量才錄官的用人制度，使大唐從混亂衰敗中走向繁榮，出現了中興的局面。

政治主張或政論著作

宋璟他一生為官不畏權貴，力革前弊，奉公守法，不徇私情，選賢任能，為大唐「開元盛世」貢獻突出。

24 則天武後相，不畏權貴臣

——狄仁傑・唐

生平簡介

姓　　名	狄仁傑。
字	懷英。
出 生 地	山西太原。
生 卒 年	公元六三〇至七〇〇。
身　　份	宰相。
主要成就	輔國安邦，匡正武則天弊政。

名家推介

狄仁傑（公元 630-700），字懷英，漢族，唐代並州太原（今山西太原南郊區）人。唐朝武則天時任宰相。

他輔佐武則天矯正時弊，安撫民生，舉賢任能，嚴肅法紀，匡復唐室，政績卓著。作為政治家，他前半生比較平淡，後半生才逐漸具有重大意義，是歷史上著名的清官。狄仁傑一生為官，體恤百姓、不畏權勢，後人稱他是「唐室砥柱」。

名家故事

唐高宗儀鳳年間，狄仁傑出任大理丞，他辦案剛正廉明，執法公正不阿，為官兢兢業業，一年中判決了大量的積壓案件，涉及一萬餘人，名聲大震，一時成為朝野推崇備至的斷案如神、摘奸除惡的大法官。

不久，狄仁傑被唐高宗任命為御史大夫，負責審訊各類案件，督促百官的行為，任職期間，恪守職責，對於那些巧媚逢迎、恃寵弄權的官員進行了嚴厲的監督並予以堅決打擊。

武則天垂拱二年，狄仁傑出任寧州刺史，當時寧州為各民族雜居之地，狄仁傑妥善處理少數民族與漢族的關係。他的才幹和名望，逐漸得到武則天的讚賞和信任。天授二年九月，狄仁傑被任命為戶部侍郎，掌管鳳閣鸞臺平章事，開始了他短暫的第一次宰相生涯，身居要職的狄仁傑謹慎從政，嚴以律己。

狄仁傑參與朝政之時，也正是武承嗣顯赫跋扈之時，躊躇滿志的武承嗣，認為狄仁傑將是他被立為皇嗣的障礙之一。於是，長壽二年正月，武承嗣勾結酷吏來俊臣誣告狄仁傑等大臣謀反，將他們逮捕下獄，來俊臣逼迫狄仁傑承認「謀反」，狄仁傑憑藉謝死表上奏給武則天，運用自己的才智計謀得以死裏逃生。

後來，武則天起用狄仁傑為魏州刺史，不久，就任幽州都督。因為他為官清正，社會聲望不斷提高，武則天為了表彰他的功績，賜給他紫袍、龜帶，並親自在紫袍上寫了「敷政木，守清勤，升顯位，勵相臣」十二個金字。神功元年十月，狄仁傑再次被武則天召回朝中，官拜鸞臺侍郎，加銀青光祿大夫，恢復了宰相職務，成為輔佐武則天的左右手。

聖曆元年，武則天的侄兒武承嗣、武三思數次派人遊說武則天，請求立為太子，武則天猶豫不決。狄仁傑以政治家的深謀遠慮，勸說武則天順應民心，還政於廬陵王李顯。當時，大臣李昭德等曾勸武則天立四子李旦為嗣，但沒有被武則天接受，最後武則天聽從了狄仁傑的意見，親自迎接廬陵王李顯回宮，立為皇嗣，大唐李氏一脈得以延續下來，狄仁傑因此被歷代政治家、史學家稱為有再造唐室之功的忠臣義士。

聖曆元年秋，北方突厥南下騷擾河北，武則天命狄仁傑征討突厥，狄仁傑採取了四條措施：一、上疏請求赦免河北各州，使被突厥驅逼離鄉的無辜百姓回鄉生產。二、發糧運以賑濟百姓的貧困。三、修築驛路打通地方交通。四、嚴禁部下侵擾百姓，犯者必斬。為此很快恢復了河北的安定。

作為一名精忠謀國的宰相，狄仁傑很有知人之明，屢次舉薦賢能。一次，武則天讓他舉薦一名將相之才，狄仁傑推舉了荊州長史張柬之，武則天將張柬之提升為洛州司馬。過了幾天，武則天又讓狄仁傑舉薦將相之才，狄仁傑說：「前次推薦的張柬之，您還沒有做大用呢。」武則天立刻答應把他提升了。由於狄仁傑的大力舉薦，張柬之被武則天任命為秋官侍郎，後又升為宰相。後來，在狄仁傑死後的神龍元年，張柬之趁武則天病重，擁戴唐中宗復位，為匡復唐室做出了巨大的貢獻。狄仁傑還先後舉薦了桓彥範、敬暉、竇懷貞、姚崇等數十位忠貞廉潔、精明幹練的官員，他們被武則天委以重任之後，政風也隨之改變，朝中出現了一種剛正之氣。後來，他們都成為唐代中興名臣。對於少數民族將領，狄仁傑也能舉賢薦能，契丹猛將李楷固曾經屢次率兵打敗大唐軍隊，後來兵敗來降，很多人建議殺掉他，狄仁傑認為李楷固有驍將之才，若饒恕了他的死罪，必能感恩報效大唐，於是奏請授給他官爵，武則天接受了他的建議，果然，李楷固等率軍討伐契丹，大敗契丹凱旋而歸，武則天設宴慶功，舉杯對狄仁傑說：「公之功也。」

在狄仁傑為相的幾年中，武則天對他的信任和重用是群臣不及的，她常稱狄仁傑為「國老」，狄仁傑曾多次以年老請求辭退相位，武則天不許，入朝參見，常常赦免他朝拜。武則天曾告誡朝中官吏：「自非軍國大事，勿以煩公。」

久視元年（700 年），狄仁傑病故。武則天哭泣著說：「朝堂空也。」贈文昌右丞，諡曰文惠。唐中宗繼位，追贈司空。唐睿宗又封他為梁國公。

專家品析

狄仁傑的一生，可以說是宦海浮沉，作為一個封建統治階級中傑出的政治家，狄仁傑每任一職，都心繫國計民生，政績卓著。在他身居宰相之位後，輔國安邦，對武則天政權輔佐匡正，可謂推動唐朝走向繁榮的重要功臣之一。狄仁傑在上承「貞觀之治」、下啟「開元盛世」的武則天時代，做出了卓越的貢獻。

在封建社會，一個司法官員的公正與否，很大程度上取決於他個人的道德品質。狄仁傑品行至親至孝，不僅是一個相當合格的封建司法官員，而且也堪稱是封建社會的道德楷模。

政治主張或政論著作

狄仁傑一生心繫民生，政績卓著。在他身居宰相之位期間，輔國安邦，對武則天弊政施行匡正。在上承「貞觀之治」、下啟「開元盛世」的武則天時代，他做出了卓越的貢獻。

25 開元盛世相，輔佐太子恩

——韓休・唐

生平簡介

姓　　名	韓休。
字	良士。
出 生 地	京兆長安（今陝西西安）。
生 卒 年	公元六七三至七三九。
身　　份	宰相。
主要成就	輔佐唐玄宗，對大唐的發展起到不可估量的作用。

名家推介

韓休（公元 673-739），字良士，京兆長安（今陝西西安）人。唐朝大臣，著名政治家。

韓休以敢向朝廷和皇帝挑刺而著稱，比起魏徵來毫不遜色。他出身於一個官宦家庭，家訓教誨他做人要一身正氣，剛正不阿。

名家故事

唐玄宗早在做東宮太子時，對韓休的印象就不錯。玄宗登基後，韓休也官運亨通，先後擔任過左補闕、禮部侍郎、虢州刺史、黃門侍郎等官職，最後升為工部尚書，後來做了太子少師，死後被封為揚州大都督，修成正果，得以善終。韓休有兩件事情幹得十分漂亮，非常令人佩服。

第一件事是惹惱宰相。他任虢州刺史時，因所轄區域離東京、西京都很近，夾在二者的中間，所以皇帝經常巡行到這裏。皇帝駕到，地方政府為搞好接待就會興師動眾，忙得地方政府一塌糊塗。等皇帝玩得盡興、心滿意足離開後，就留下了一大筆費用。羊毛出在羊身上，這些費用就轉嫁到百姓頭上，官府沒辦法只好在當地開徵了車馬費。

韓休上任後，認為只由本州的百姓來承擔這筆費用不合理也不公平，應該和其他各州共同分擔才對，這樣就會減輕本地民眾的壓力。於是他向朝廷報請了這個想法，宰相張說看了奏章後心中不悅，十分不滿地評價說：「這個韓休是為私利考慮的吧。」認為他是沽名釣譽之徒，不予理睬。但韓休認為自己非常正確，就執拗地繼續申請。就這樣，胳膊硬是扭過了大腿，朝廷最終允許了他的請求。

第二件事是衝撞龍顏。先前是與宰相唱對臺戲，而這次得罪的是萬乘之尊，這次事件涉及一宗案子。

玄宗皇帝認為萬年尉李美玉犯了錯誤，就想治他的罪，將他流放到嶺南，判決已下，就等執行了。而此時，已任中書門下平章事一職的韓休卻頂著不做，拒不執行。理由是：「李美玉並沒有犯什麼大的過錯，而金吾大將軍程伯獻依仗皇恩貪污腐化倒是真的。小罪不容而讓大奸逃脫，這事說不過去。處罰李美玉我沒意見，但請先治程伯獻的罪。」

他的意思就是皇帝犯了「包庇罪」，法令不一、有失公道，天下人怎會萬眾歸心？話說到一針見血的份兒上，把唐玄宗逼到了死角，也實在找不出冠冕堂皇的理由來反駁他，此事最終也就不了了之了。

唐玄宗李隆基也是難得的明主，最起碼在他為政的前期是這樣的。當時手下的親信加小人見皇上被韓休折磨得一副「痛苦不堪」的樣子，就慫恿他罷了韓休的官趕出去。玄宗卻保持了難得的清醒頭腦，意味深長地說：「韓休治理國家，我才能安然入眠。我用韓休是為國家著想啊。」玄宗說的是心裡話，他是信任韓休的，他知道韓休是為國家好，為他自己好，但又無法做到聽他的話，或永遠聽他的話。

開始，蕭嵩因為韓休恬淡平和，以為很容易控制，所以就引薦了他。可是韓休辦事時有時會反駁，甚至指責自己，蕭嵩也不能說服他。宋璟聽說後說：「沒有想到韓休能這樣，這是仁者的勇氣啊。」蕭嵩寬容、博愛、隨和，而韓休卻嚴正剛直，對時政得失，說話透徹。唐玄宗曾經到後花園遊玩打獵，有時在宮中設宴行樂，稍有過失，總是趕緊問左右的隨從人員：「這件事韓休知道不知道？」不一會兒，韓休的勸諫書就已經送到了。唐玄宗曾對著鏡子悶悶不樂，旁邊的人勸說道：「自從韓休當了宰相以來，陛下沒有一天是歡樂的，為何獨自悲傷，不將他撤換掉讓他離開呢？」唐玄宗感歎道：「我雖然瘦了，但國家必定富裕了。蕭嵩雖然事事依順我，可退朝後想想天下大事，我卻睡不安穩啊！而韓休呢，陳說治理國家的道理，他常常為國家社稷與我爭執，退朝後我則可以寬心睡個安穩覺。我重用韓休，是出於社稷江山的考慮罷了。」後來，韓休在工部尚書的職位上，被皇帝罷免了官職。後又提升為太子少師，封宜陽縣縣令。死時六十八歲，贈揚州大都督的稱號，謚號為文忠。寶應元年，追贈太子太師。

專家品析

韓休為人嚴峻剛直，不追求名譽權勢。做宰相後，所作所為更得民心。就他任宰相期間的表現而言，真可謂開元、天寶時期的魏徵。

唐玄宗早年勵精圖治，使國富民強，就是因為他能有「貌瘦天下肥」的態度，以國家社稷為重，不計較個人的得失。常言道：「良藥苦口利於病，忠言逆耳利於行。」唐玄宗能堅持任用常常使他窘迫的韓休，而不信任蕭嵩，這難道不是值得我們深思的用人之道嗎？

政治主張或政論著作

韓休為人耿直、忠誠善良、正直、無私無畏、敢於進諫。對國家的治理鞏固、法律制度、用人方略、社會穩定、發展生產力等方面都提出中肯的意見和具體的措施，很得皇帝的信任，對大唐的發展起到了不可估量的作用。

26 將相集一身，盛名播外夷

——裴度・唐

生平簡介

姓　　名	裴度。
別　　名	裴晉公。
出 生 地	河東聞喜（今山西聞喜東北）。
生 卒 年	公元七六五至八三九。
身　　份	政治家。
主要成就	淮西的平定、打擊宦官、推薦賢臣。

名家推介

裴度（公元 756-839），字中立，漢族，河東聞喜（今山西聞喜東北）人。唐朝名相，唐代後期傑出的政治家。

裴度以功業著稱，在文學上也有成就。《全唐文》存他的文本兩卷，主要是一些律賦和奏疏碑銘。《全唐詩》存他的詩一卷。

名家故事

裴度出生於封建官僚家庭，二十五歲考中進士，開始了他的政治生涯。「安史之亂」結束後，晚唐形成藩鎮割據的局勢，唐憲宗繼位後，先後派兵討平了成都叛亂的劉闢，平定了在鎮江一帶叛亂的李琦，並直接派出了節度使，改變了地方上擁立主帥的舊例。憲宗立志削平藩鎮，而平定淮西彰義節度使吳元濟，則是削藩成敗的關鍵之戰。

唐元和七年（812 年），裴度以知制誥的身份，成功地完成了安撫河北魏博鎮田弘正勢力，使他歸順朝廷，他得到了唐憲宗的嘉獎，為此官拜中書舍人。元和十年（815 年）五月，因為唐軍討伐吳地數次未獲得成功，裴度又以中丞的身份奔赴蔡州行營慰問勞軍，了解軍情。回朝後，他向憲宗詳細地述說了淮西的現狀，並推薦了忠武節度使李光顏為統兵元帥，說他英勇善戰，一定能打敗吳軍，憲宗聽後，非常高興。李光顏統兵後不久，便大破吳軍於陳州溵水縣西南。消息傳到朝廷，憲宗更是讚歎裴度的知人善用。

元和十二年（817 年）八月，裴度受命，以門下侍郎的官職，就任蔡州刺史，並充任淮西招討處置使前往淮西。臨行前，憲宗親自送到通化門外，並賜以犀帶，賦予他行使元帥的職責。

元和十二年七月，討伐淮西的戰爭進入第四個年頭。前方戰爭屢屢失利，兵餉運輸又發生了嚴重困難。朝中主和派乘機勸憲宗盡快「罷兵」，唯有裴度一人堅持把討伐戰爭進行到底。他認為討伐軍屢次失利，不是敵人強大，而是因為諸將不能齊心協力。為加強前線的領導，裴度自我推薦去前方「督戰」。他表示：「臣誓不與叛賊俱生，若賊滅，我回朝有期；賊在，則歸來無日。」憲宗派他以宰相的官銜，兼任彰義軍節度使、淮西宣諭處置使，任命他為討伐淮西的前線總指揮。八月下旬，裴度親赴前線，駐紮在郾城。他取消了監軍，將兵權全部歸還到領兵的將帥手中，調動了將士們的積極性，軍法嚴肅，號令統一，於是初戰告捷，扭轉了淮西戰局。十月初，裴度贊同節度使李朔的作戰計畫。於是，李朔乘一個風雪之夜，急行軍一百二十里，破襲蔡州城，活捉叛軍罪魁吳元濟，取得了討伐淮西的最後勝利。裴度到蔡州，立刻宣佈廢除吳元濟規定的種種殘酷法律；對叛亂者，堅持只殺魁首、脅從不問的政策，招降了數萬蔡州士兵。這些措施，穩定了蔡州地區社會秩序，促進了社會生產的恢復發展。這樣，申州、光州也隨後平定。十一月，叛軍全部歸降，並斬殺了吳元濟。至此，淮西戰事宣告結束。

裴度平定淮西，憲宗為嘉獎他，賜封他金紫光祿大夫、弘文館大學士，賜勳上柱國，封晉國公，食邑三千戶，並參與國家的重要決策。淮西的平定，極大地震懾了山東、河北等地各藩鎮。

裴度在憲宗朝為相，直言敢諫，抑制宦官參與朝政，維護宰相、朝臣的政治權力，發揮三省的作用。他剛正不阿，特別是對宦官的指斥，使憲宗感到不悅。元和十四年（819 年），改任裴度為河東節度使。長慶元年（821 年）十月，裴度屢次上表抨擊揭露知樞密魏弘簡、翰林學士工部侍郎元稹阻撓破壞討伐幽州軍事的罪行。長慶二年初，裴度要求唐穆宗嚴懲恃寵驕恣、欺凌主將的昭義監軍劉承偕，穆宗不得不公佈劉承偕罪惡，並宣佈要將他流放遠州。正因為裴度敢於打擊驕橫的宦官，所以每次被提拔重用都與宦官無關，而每次受排擠打擊，又都直接或間接與宦官有關。裴度經歷唐憲宗一朝，又輔佐穆宗、敬宗、文宗三朝，在當時有「勳高中夏、聲播外夷」的盛名和地位，但由於宦官當道，他雖有「將相全才」而不能為天子所用，所以並無多大作為。後來他退居東都洛陽，將府邸建在了集賢里，與詩人白居易、劉禹錫酣宴終日，高歌放言，以詩酒琴書自樂，不問政事。開成三年冬，因病回到東都，第二年去世。裴度死後，冊贈太傅。

裴度堅持治理國家要任用賢才。為將相二十餘年，引薦過李德裕、李宗閔、韓愈等名士，重用過李光顏、李朔等名將，還保護過劉禹錫等，但從不引薦無才的親友為官。在唐朝後期，朝官結為朋黨、相互照顧的情況下，他從不拉幫結派，他反對權奸，堅持唯才是用的原則，這些都是他的「正直」之處。

專家品析

綜觀裴度一生，他為了維護和鞏固李唐的封建統治，堅持與權奸、宦官、割據勢力進行鬥爭，這種鬥爭精神是可貴的。尤其是從他反對藩鎮割據勢力所取得的巨大功績來看，不愧為唐朝後期一位傑出的政治家。

政治主張或政論著作

裴度堅持治理國家任用賢才，為了維護和鞏固李唐的封建統治，堅持與權奸、宦官、割據勢力進行鬥爭，這種鬥爭精神是可貴的。

27 不畏浮雲遮，身在最高層

——王安石·北宋

生平簡介

姓　　名	王安石。
字	介甫。
號	半山。
出 生 地	臨川（今江西省東鄉縣上池村）。
生 卒 年	公元一〇二一至一〇八六。
身　　份	北宋政治家、思想家、文學家。
主要成就	文學家、政治家、改革家，著有《王臨川集》、《臨川集拾遺》。

名家推介

王安石（公元 1021-1086），字介甫，晚號半山，臨川（今江西省東鄉縣上池村）人。北宋傑出的政治家、思想家、文學家。

他提出的變法，力求改變北宋當時的「積貧、積弱」的局面，推行富國強兵的政策，王安石變法歷史上也稱熙寧變法。變法對北宋後期社會經濟發展具有很深的影響，已具備近代變革的特點。

名家故事

北宋治平四年，宋神宗繼位，起用王安石為江寧知府，並提拔他為翰林學士兼侍講。熙寧元年，王安石上書主張變法，次年升任宰相，開始大力推行改革。

為了變法的推行，王安石建立一個指導變法的新機構——三司條例司。條例司撤銷後，由司農寺主持變法的大部分事務。新法按照內容和作用大致分為理財措施、軍事措施、教育措施等幾個主要方面，變法立制，重在推行北宋王朝的富國強兵，改變積貧積弱的現狀。

熙寧二年九月，頒佈青苗法，規定以常平、廣惠倉所積存的錢穀為本，糧食遇糧價貴，就降低價格出售，遇糧食價賤，就比市價增貴收購。所積攢的現錢，每年分兩期，即在需要播種和夏、秋未熟的正月和五月，按自願原則，由農民向政府借貸錢物，收成後，隨夏、秋兩稅，加息十分之二或十分之三歸還穀物或現錢。青苗法使農民在青黃不接之時，不至於受高利貸的盤剝，使農民能夠按照農時保證溫飽。

熙寧三年司農寺制定〈保甲條例〉，具體措施是鄉村住戶，每五家組一保，五保為一大保，十大保為一都保，凡有兩丁以上的農戶，選一人來當保丁，保丁平時耕種，閒時要接受軍事訓練，戰時便徵召入伍。以住戶中最富有者擔任保長、大保長、都保長，用以防止農民的反抗，並節省軍費。

同年十二月，由司農寺擬定免役法，開封府首先試行，同年十月頒佈全國實施，免役法廢除原來按戶輪流充當州縣差役的辦法，改由州縣官府自己出錢雇人擔當兵役，雇員所需經費，由民戶按戶分攤，這樣使農民從勞役中解脫出來，保證了勞動時間，促進了生產發展，也增加了政府財政收入。

熙寧四年八月制定〈方田均稅條約〉，分「方田」與「均稅」兩部分，「方田」是每年九月由縣長舉辦土地丈量；「均稅」是以「方田」丈量的結果為依據，制定收稅數額。方田均稅法清查出豪強地主隱瞞的土地，增加了國家財政收入，也減輕了農民負擔。

熙寧五年三月，頒行市易法，由政府出資一百萬貫，在開封設市易司，在平價時收購商販滯銷的貨物，等到市場缺貨時再賣出去，同時向商販發放貸款，以財產作抵押，五人以上互保，每年納息二分，市易法增加了國家財政收入。

新法中還規定各地興修水利工程，獎勵各地開墾荒田，興修水利，修築堤防圩岸，由受益人戶按戶出資興修。在王安石的宣導下，一時形成「四方爭言農田水利」的熱潮。北方在治理黃、漳等河的同時，還在幾道河渠的沿岸淤灌成大批「淤田」，使貧瘠的土壤變成了良田。

新法對軍隊進行了一系列的改革，整頓廂軍及禁軍，規定士兵五十歲後必須退役，測試士兵，禁軍不合格者改為廂軍，廂軍不合格者改為民籍。廢除北宋初年定立的更戍法，逐漸推廣把各路的駐軍分為若干單位，每單位分派將帥與副將一人，專門負責操練軍隊，以提高軍隊素質。

同時改革過去的科舉制度，希望以學校的平日考核來取代科舉考試，選拔真正的人才。定立「三舍法」，即把太學分為外舍、內舍、上舍三等，地方官學也推行此法，整頓了各級學校，為社會培養需要的人才。

王安石的變法對於增加國家收入有著積極的作用，北宋積貧積弱的局面得以緩解。熙寧六年，在王安石指揮下，宋熙河路經略安撫使王韶率軍進攻吐蕃，收復河、岷等五州，宋軍收復五州，拓土二千餘里，建立起進攻西夏地區的有利戰線。

熙寧六年大旱，有人對皇上說旱災是王安石造成的，神宗大受刺激，對變法產生重大懷疑。王安石認為旱災屬於天災，又博來眾多反對者的謠言。隨著改革的深入，變法最大的支持者宋神宗發生動搖，熙寧七年王安石第一次被罷免了宰相，到江寧府為官。變法運動由韓絳、呂惠卿等人繼續執行。熙寧八年二月，朝廷召王安石回京復職，繼續執行新法，熙寧九年，王安石愛子王雱病逝，王安石受到莫大打擊，請求辭職，來到金陵潛心學問，不問世事。

元豐八年，宋哲宗繼位，年僅十歲，由太皇太后高氏臨朝聽政，啟用反對變法的司馬光為宰相，廢除全部新法，極力迫害新法派，王安石在憂憤和遺恨中於第二年四月去世。

專家品析

史學界、學術理論界對王安石及其變法評論褒貶不一。梁啟超則給予了王安石及其新法以全新的評價，他對王安石的道德情操、學術修養和政治抱負給予了全面的高度肯定。

王安石變法失敗的原因，拋開深刻的社會制度根源，重要的一條是在執行過程中的扭曲，被異化為官員魚肉百姓的「正當」手段，缺乏有效的監督保障。歷史上很多次變法失敗的原因當中，都有一個共同點，它只是少數清醒的人從上而下脫離基層老百姓的變革，商鞅變法、王安石變法、戊戌變法莫不如此。改革如果不能為民眾造福，得不到人民群眾的真心支持和擁護，那麼所有的改革成果只會是一堆泡沫，最終飄散在歷史長河中。

政治主張或政論著作

王安石認為，要發展生產，首先是把勞動者的積極性調動起來，使那些遊手好閒者也回到生產第一線，收成好壞決定於人而不決定於天。要達到這一目的，國家政權需要制定相應的方針政策，在全國範圍內進行自上到下的改革。王安石雖然強調了國家政權在改革中的領導作用，但他並不贊成國家過多地干預社會生產和經濟生活，他反對搞過多的特殊化，提倡平等的政治制度。

28 力排眾議功，澶淵退敵勳

——寇準・北宋

生平簡介

姓　　名　寇準。

字　　　　平仲。

出 生 地　華州下（今陝西渭南）。

生 卒 年　公元九六一至一〇二三。

身　　份　政治家、詩人。

主要成就　人格高尚，政治卓越，著有〈書河上亭壁〉、《寇萊公集兩》、《宋名賢小集》、《寇忠愍公詩集》。

名家推介

寇準（公元 961-1023），字平仲，漢族，華州下邽（今陝西渭南）人。北宋政治家、詩人。

寇準自幼喪父，家境貧寒，但發奮讀書，十九歲中進士，景德元年官拜宰相。他一生胸懷大志，卻屢進屢退。遼兵進攻宋朝時，他力排眾議，主張堅決抵抗。寇準一生為官清正廉明，政績卓著。

名家故事

宋太宗太平興國五年，十九歲的寇準考中進士，被任命為大理評事，第二年任歸州巴東知縣。以後又先後升任鹽鐵判官、尚書虞部郎中、樞密院直學士等官。寇準官運亨通，並不是由於他阿諛逢迎、依附權貴，相反，他為官剛正廉明、不畏權貴，寇準的青雲直上靠的是自己的忠誠與智謀，用宋太宗的話來說就是「臨事明敏」。

寇準性情剛正，敢於直諫。一次，太宗召他上殿奏事，他的語言過於坦率，激怒了皇帝，皇帝拂袖而起，寇準卻拉住皇帝的衣襟，請皇帝再次坐下，堅持把自己的話講完。太宗皇帝被寇準的忠直精神和膽識所感動，事後，宋太宗十分讚賞寇準，高興地說：「我得到寇準，像唐太宗得到魏徵一樣。」寇準被皇帝譽為魏徵，可見他在宋太宗智囊團中佔有相當重要的地位。

後來，寇準在樞密院與知院張遜發生了嚴重的意見分歧，由於受張遜誣陷，被貶至青州。但這時宋太宗已離不開寇準了，寇準去青州後，太宗悶悶不樂，經常詢問有關寇準在青州的情況。第二年，寇準就被召回京師。

當時宋太宗在位日久，一直未立皇太子，這件事也一直令太宗頭疼。寇準剛從青州還朝，太宗便向他問起此事。寇準已猜到太宗這次召見他的目的，早已成竹在胸，但他並沒有直接回答。他告訴太宗：「為天下選擇國君，不能與后妃、太監商量，也不能與近臣謀劃，應選擇眾望所歸者立為太子。」太宗尋思良久，摒退左右，輕聲問道：「襄王如何？」寇準心中暗喜，便順水推舟地說：「知子莫若父，陛下既然認為襄王可以，就請決定吧。」第二天，太宗便宣佈襄王趙恒封壽王，立為皇太子，此後太宗更加依重寇準。有人給太宗獻了個寶物通天犀，太宗令人加工成兩條犀帶，一條自用，另一條賜給了寇準。

淳化二年，寇準官拜左諫議大夫、樞密副使，後提升為參知政事，至道年間，因與太宗當眾爭辯，於是再次被流放外地任職。

宋真宗繼位，寇準被調回朝擔任尚書省工部侍郎，咸平三年，出任三司使，主持戶部各項事務，景德元年，升任宰相。這年九月，遼軍大舉南下進犯大宋，很快打到黃河北岸，河北州縣的告急文書不斷飛傳京城，朝廷震驚。當時，以參知政事王欽若為代表的部分大臣怯戰，勸真宗棄都南遷，正當真宗舉棋不定時，寇準從外地趕回朝野，力勸真宗打消南遷的念頭，建議皇帝御駕親徵，以振奮軍民保家衛國的信心。真宗贊同寇準對形勢的分析，率軍北進澶州（今河南濮陽縣），宋軍官兵見皇帝親臨前線，士氣大振，真宗把作戰指揮權交給了寇準，寇準重用愛國將領，號令嚴肅，沉著指揮應敵，初戰獲勝，使遼軍的攻勢迅速減弱。一天，遼軍主帥到陣前觀察地形，被宋軍射死，一時間遼軍軍心不穩，加上給養困難，提出議和。宋真宗本來缺乏作戰勇氣，聽說遼國願講和，於是下令停戰議和，寇準反對議和，主張乘勝收復被遼國侵佔去的燕雲十六州國土，但主和派大臣群起攻擊寇準，在一班人的譭謗下，他被迫放棄了主張。於是，在妥協派的策劃下，於同年十二月，宋遼雙方訂立了和約，這就是歷史上著名的「澶淵之盟」。

「澶淵之盟」簽訂後，宋、遼兩國在一百多年間保持了和睦相處的勢態，而宋廷內部權力鬥爭卻日趨尖銳，主和派大臣王欽若在皇帝面前攻擊寇淮，真宗聽信讒言，於景德三年罷去寇準宰相職位，以刑部尚書的官職到陝州為官。他幾度起起落落，後來真宗有病，將他又一次調回京城為宰相，因為劉太后干預朝政，寇準密奏皇帝，建議由正直大臣輔佐太子監國。此議洩密，寇準又再一次被罷相，改為太子太傅，封萊國公，劉太后的親信丁謂等人弄權，繼續排斥寇準，將他降為太常卿，又被貶為道州司馬，這些情況真宗臨死也不知道。

乾興元年，寇準再被貶為雷州（今屬海南省）司戶參軍。真宗病死，宋仁宗繼位，同年，寇準到雷州後，生活艱難，氣候惡劣，身體很快垮下來，第二年秋天在憂鬱中病逝，時年六十三歲。仁宗知曉寇準在朝有功，獲準歸葬故里，景祐元年，仁宗下詔恢復寇準官爵，追贈中書令、萊國公，並親筆題「旌忠」二字為碑額，立於墓前。

專家品析

寇準一生為官四十餘年，清廉正直，謀事有方，以民為本，政績卓著。在朝廷四居相位，先後輔佐宋太宗、真宗、仁宋三位皇帝安邦治國，功名遠揚，成為北宋著名的政治家及彪炳青史的一代名相。

政治主張或政論著作

寇準為官，主張廉潔從政，珍愛天物；剛正不阿，抗禦外敵；他人格高尚，政治卓越。寇準的清正廉潔，在廣大中原百姓中享譽崇高，甚至於連遼邦也深為敬佩。他廉潔清正的官德，給華夏官吏樹立了一個楷模，一千多年來受到人們的讚美。

29 為政清廉相，宣導改革臣

——范仲淹・北宋

生平簡介

姓　　名	范仲淹。
字	希文。
出 生 地	真定常山高家莊（今河北省曲陽橋鎮高平村）。
生 卒 年	公元九八九至一〇五二。
身　　份	政治家、文學家、軍事家。
主要成就	慶曆新政，著有〈岳陽樓記〉。

名家推介

范仲淹（公元 989-1052），字希文，漢族，蘇州吳縣（今屬江蘇省）人。北宋著名的政治家、思想家、軍事家和文學家。

他為政清廉，體恤民情，剛正不阿，力主改革，屢遭奸佞誣謗，數次被貶官。一〇五二年五月二十日病逝於徐州，終年六十四歲。葬於河南洛陽東南萬安山，諡文正，封楚國公、魏國公。著有《范文正公集》傳世。

名家故事

北宋大中祥符七年秋和八年春，范仲淹通過科舉考試，中榜成為進士。不久，他被任命為廣德軍的司理參軍，接著，又調任為集慶軍節度推官，開始了近四十年的政治生涯。

天聖六年，范仲淹服喪結束，經過晏殊的推薦，榮升秘閣校理，負責皇家圖書典籍的校勘和整理工作。秘閣實際上屬於皇上的文學侍從，從此，他不但可以經常見到皇帝，而且能夠耳聞不少朝廷機密。

范仲淹了解到朝廷的某些內幕，便大膽介入險惡的政治鬥爭。他發現宋仁宗皇帝年已二十，但朝中各種軍政大事，卻全憑六十多歲的劉太后一手處置。范仲淹認為，家禮與國禮不能混淆，損害君主尊嚴的事應予制止，於是，他上了奏章，批評這種情況。

范仲淹的奏章使晏殊大為恐慌，他匆匆把范仲淹叫去，責備他為何如此輕狂，更怕連累自己。范仲淹素來敬重晏殊，這次卻寸步不讓，沉著臉說：「我正因為受了您的舉薦，才常怕不能盡職，讓您替我難堪，不料今天卻因正直的議論而獲罪於您。」一席話，說得晏殊無言答對。回到家中，范仲淹又寫信給晏殊，詳細申辯，並索性再上一章，乾脆請劉太后撤簾罷政，將大權交還仁宗。

朝廷對此默不作答，卻降下詔令，將范仲淹貶出京城。三年之後，劉太后死去，仁宗才把范仲淹召回京師，讓他就任專門評議朝事的言官右司諫。有了言官的身份，他上書言事更無所畏懼了。

明道二年，京東和江淮一帶大旱，又鬧蝗災，為了安定民心，范仲淹奏請仁宗馬上派人前去救災，仁宗不予理會，他便質問仁宗：「如果宮廷之中半日停食，陛下該當如何？」仁宗驚然醒悟，於是派范仲淹前去賑災。

過了幾年，范仲淹由睦州到蘇州為官，因為治水有功，又被調回京師，做了開封知府。范仲淹在京城大力整頓官僚機構，剔除弊政，使一切井井有條。

從西夏李元昊叛宋起，宋軍的邊防開支便突然膨脹起來。政府為了擴大收入，又不得不增加百姓負擔。於是，包括京城附近在內，各地反抗朝廷的暴動與騷亂，紛然而起。

慶曆三四年間，亟待穩定政局的仁宗皇帝，連日催促范仲淹等人，拿出措施，改變局面。范仲淹認真總結從政多年來醞釀已久的改革思想，很快呈上了著名的新政綱領〈答手詔條陳十事〉，提出了十項改革主張，主要內容是：

一、提出考核政績，破格提拔有大功勞和明顯政績的，撤換有罪和不稱職的官員。

二、為了國家政治的清明和減少財政開支考慮，限制大官的特權，防止其子弟充任要職。

三、改革科舉考試內容，把原來進士科只注重詩賦改為重策論，把明經科只要求死背儒家經書的詞句改為要求闡述經書的意義和道理。

四、檢查地方政績，獎勵有才能的官員，罷免庸才；選派地方官要通過認真地推薦和審查，以防止胡亂任用。

五、均公田。公田，即職田，是北宋地方官的定額收入之一，但分配往往高低不均。范仲淹認為，供給不均，怎能要求官員盡職辦事呢？他建議朝廷均衡一下他們的職田收入；沒有發給職田的，按等級發給他們，使他們有足夠的收入養活自己。

六、重視農桑等生產事業。建議興修水利，大興農利，並制定一套獎勵百姓、考核官員的制度長期實行。

七、整治軍備。建議寓兵於農，實施這一制度，可以節省給養的費用。京師的這種制度如果成功了，再由各地仿照執行。

八、廣泛落實朝廷的優惠政策和信義。主管部門若有人拖延或違反政策措施的施行，要依法從重處置。

九、嚴肅對待和慎重發佈朝廷號令。法度要取信於民，刪去繁雜冗贅的條款，做到政令暢通。

十、將戶口少的縣裁減為鎮，減輕百姓賦稅負擔。

〈條陳十事〉寫成後，立即呈送給宋仁宗。宋仁宗和朝廷其他官員商量後，便逐漸以詔令形式頒發全國。於是，北宋歷史上轟動一時的慶曆新政就在范仲淹的領導下開始了，范仲淹的改革思想得以付諸實施。新政實施的短短幾個月間，政治局面煥然一新；官僚機構開始精簡；以往憑家勢做官的子弟，受到重重限制；昔日單憑資歷晉升的官僚，增加了調查業績品德等手續，有特殊才幹的人員，得到破格提拔；科舉中，突出了實用議論文的考核；全國普遍辦起了學校。

慶曆五年初，曾慷慨激昂、想勵精圖治的宋仁宗在保守派的壓力下，對新政改革完全退縮，下詔廢棄一切改革措施，范仲淹被撤去軍政要職。實行僅一年有餘的各項新政，也先後紛紛取締。京師內外的達官貴人及其子弟，依舊歌舞喧天。范仲淹革除弊政的苦心，轉瞬間付之東流，他也被調為那州知州，後病卒於任上。

專家品析

范仲淹的勤奮、正直，為國為民的精神激勵了一代又一代國人。而「先天下之憂而憂，後天下之樂而樂」的品格更成為中華民族品德的代表。「先天下之憂而憂，後天下之樂而樂」思想，已經熔鑄成為中華民族的傳統美德，影響了千千萬萬的後人，成為中華民族乃至世界人民的寶貴精神財富。他「先憂後樂」的精神已成為一座不朽的豐碑，樹立在海內外炎黃子孫的心中。

范仲淹不僅是北宋著名的政治家也是一位卓越的文學家和教育家。他領導的慶曆革新運動，成為後來王安石「熙寧變法」的前奏；他對某些軍事制度和戰略措施的改善，使西線邊防穩固了相當長時期；經他薦舉的一大批學者，為宋代學術鼎盛奠定了基礎；他宣導的先憂後樂思想和仁人志士節操，是中華文明史上閃爍異彩的精神財富：朱熹稱他為「有史以來天地間第一流人物」。

政治主張或政論著作

范仲淹所提出的「先天下之憂而憂，後天下之樂而樂」的思想，實際上是給封建時代所有士大夫提出的一個憂樂標準，也是給我們當代知識份子提出的座右銘，即「為天下老百姓而憂愁，為人民的幸福而歡樂」。

30 生功績顯赫，卒名譽遠播

——周必大．南宋

生平簡介

姓　　名　周必大。
字　　　　子充，一字洪道，自號平園老叟。
出 生 地　廬陵（今江西吉安）。
生 卒 年　公元一一二六至一二〇四。
身　　份　政治家、文學家。
主要成就　功績顯赫，聲名遠播。其主持刊刻的「周必大刻本」被歷代名家奉為私家刻書的典範。

名家推介

周必大（公元 1126-1204），字子充，自號平園老叟。廬陵（今江西吉安）人。出生名門望族，原籍河南鄭州管城。南宋名相，著名政治家、文學家。

周必大於紹興二十一年中進士，官至左丞相，封益國公。與陸游、范成大、楊萬里等都有很深的交誼。

名家故事

南宋紹興二十年，周必大考取進士。隆興元年，宋孝宗登位，周必大做朝廷的起居郎，後又兼代理中書舍人。當時皇帝因為四川百姓作亂事件憂患，徵求周必大意見，他進言說：「四川百姓貧困，不得已才鬧事，只要下詔書安撫，事件便能安定，並諫言對田賦的徵收，要放寬些時間為上。宋孝宗採納了他的建議，果然效果不錯，百姓迅速得以安撫。

周必大為官從來不避權貴。乾道元年，他對權臣瞿婉容推行的「礙正法」極力反對。十天後，皇帝又重申「礙正法」。周必大知道自己的忠諫皇上不會聽，於是請求去做祠官。過了很久，朝廷派他去南劍州任知州，後改任福建提點刑獄。周必大赴任前，朝廷派趙雄出使金國送國書，關於詔書措辭問題，朝堂上產生爭議。周必大上奏說：「兩國尊卑名分已定，校正等級威儀就可以了。我國和金國已是叔侄之情關係，稱呼什麼不可以呢？」事實上，他的寓意是告誡詔書要保持大宋朝廷的尊嚴。皇帝褒獎他道：「我還沒有詔論國書的內容，而你就能道出朕心中所想的事，真乃大智大才也。」

同年，周必大回朝任兵部侍郎，他奏請皇帝要重視百官的建議，以儲備將相人才，增加忠臣諫官，以擴展耳目，選擇監司郡守，以補充郎官。不久，皇帝便派他代理禮部侍郎兼直學士院修編國史。可是沒多久，他又被解除直學士院職務，任建寧知府。他還沒到豐城，自稱有病而回到朝中，並再一次上奏朝廷提出願當祠官。乾道六年，宋孝宗又任命他為敷文閣侍制兼侍讀、兵部侍郎、直學士院等職。孝宗稱讚周必大說：「你不善於阿諛奉承，從不附和權貴，所以朕對你特器重。」於是封他為兵部侍郎兼太子府詹事，不久又升兼侍讀學士，後改任吏部侍郎，授翰林院學士。他在翰林院六年，撰寫〈選德殿記〉、〈皇朝文監序〉，所制詔書溫和爾雅，敘事周全，為當時詞臣中最優秀的人才。

淳熙十一年，周必大任參知政事。宋孝宗徵求群臣意見說：「金國兵馬既然已調回上京，並且分派幾個兒子出去鎮守，將來金國會如何動作？」周必大判斷後建議說：「這是敵國佈疑，虛張聲勢，正是怕我們先下手，我們應鎮靜以待。但是邊防將領要選擇精明能幹的擔任重任。」

同年，周必大官拜樞密使。為了整肅軍紀，規定各軍官升遷，要立冊在案，並且不定期對將領進行抽查考核，對各軍自行招募的兵丁，周必大親自檢閱，察看虛實。因此，將領沒有濫竽充數的，兵丁沒有虛報名額的。皇帝讚譽他說：「這為周樞密使的措施而產生的效果呀。」

淳熙十四年二月，周必大任右丞相，針對南宋社會表面太平、實際蘊藏著危機的實際情況，提出了精闢見解，並且罷免了許多不稱職的各地官員。

淳熙十五年，他執掌太傅印，封為山陵使。接著又被封為濟國公、左丞相。同年十一月，周必大請求離職，皇帝再三挽留，並下旨說：「朕這些年患病疲倦，想傳位給太子，卿不能走，必須留下輔佐太子。」

淳熙十六年二月初一日，孝宗降下傳位詔書。第二天，孝宗登紫宸殿，周必大上奏說：「陛下讓位於太子，從今不能日日看到龍顏……」哽咽得說不下去。孝宗也淒切地說：「現在正需要你們輔佐新君。」

紹熙元年，繼位的宋光宗召來周必大問：「當今最急迫的是什麼？」周必大答：「用人、求言二事。」三月，宋光宗拜周必大為少保益國公，並授封何澹為司業，但何澹嫌官小職微，久久不肯赴任，於是，皇帝面前的紅人留正奏請皇帝，請他為右丞相，何澹得到了升遷。因此何澹怨周必大而感戴留正。當何澹升了官職後，首先彈劾周必大，光宗信以為真，於是降周必大為觀文殿大學士、潭州判官，免去了周必大的左丞相職務。但何澹仍議論周必大不止，因此又把他降為少保銜，改任隆興判官，輾轉再三，終於將周必大罷官。

嘉泰四年，周必大逝世，終年七十九歲，死後追贈太師，諡號文忠，宋寧宗親自題其墓碑：「忠文耆德之碑」。周必大的遺著有八十餘種，內有《平園集》二百卷。

專家品析

周必大從政期間，無論是輔佐朝廷還是主政地方，總是一片忠心，勤奮治政，處事有謀。人們敬重他，皇帝倚重他。

周必大是朝廷重臣，協理皇帝治理國家，但他沒有忘乎所以，而是對南宋的局勢有十分清醒的認識。任宰相後的第一個奏章就提出：要居安思危，考慮到長治久安，不可急於求成。為達到富國強兵的戰略目的，在內政方面，一要強兵，二要富國，三要安民，四要政修。在外交方面，周必大始終抱著不卑不亢的態度。他所提出的這些內政外交方針，充分表明了一個政治家的遠見卓識，表現了一個成熟的愛國政治家的骨氣。周必大任宰相八年之久，他為了維護國家和民族利益，一生功業特別出色。

政治主張或政論著作

他的政治主張是治國一要強兵，並制訂「諸軍點試法」，整肅軍紀；二要富國，主張大力發展商貿業，以增加收入；三要安民，以民為本，減賦賑災；四要政修，要選擇人才，考核官吏。

31 寧死不屈臣，從容赴義君

——文天祥·南宋

生平簡介

姓　　名　文天祥。

別　　名　文雲孫。

出 生 地　江西吉州廬陵縣（江西吉安）富川。

生 卒 年　公元一二三六至一二八三。

身　　份　丞相，樞密使兼都督諸路軍馬。

主要成就　以忠烈名傳後世，生平事蹟被後世稱許。代表作品有〈過零丁洋〉、〈正氣歌〉等。

名家推介

文天祥（公元 1236-1283），字履善，吉州廬陵（今江西吉安）人。宋理宗進士，官至右丞相兼樞密使。南宋末年抗金民族英雄，愛國詩人。

宋恭帝德祐元年，元軍南下，次年，元軍逼近臨安（今浙江杭州）時，文天祥出使元營議和，被扣留，逃脫後組織義軍抗元。祥興元年兵敗被俘，關押在大都（今北京）獄中三年。元世祖以高官厚祿勸降，文天祥寧死不屈，從容赴義，生平事蹟被後世讚歎，與陸秀夫、張世傑被稱為「宋末三傑」。

名家故事

南宋開慶元年，蒙古向南宋大舉進攻，南宋寵宦董宋臣建議遷都四明，文天祥挺身而出，上書皇帝，指出遷都之議是小人誤國之言，董宋臣惡貫滿盈，應該斬首。他還建議改革政治、擴充兵力、抗元救國。可惜宋理宗沒有採納他的建議，朝政也一天比一天敗落下來。

景定五年，宋理宗逝世。權臣賈似道擁立太子為帝，進一步操縱朝政，賈似道荒淫無恥，一手遮天，南宋朝政更是腐敗不堪。當時文天祥出任軍器監、崇政殿說書等職，因為得罪了賈似道，被免去了所有職務。

咸淳十年，文天祥被委任為贛州知州，贛州是他的家鄉，為鄉人辦事，分外勤謹。他主張對百姓少用刑罰，多行仁義，所屬十幾個縣的百姓對他非常愛戴。這一年風調雨順，稻穀豐收，出現了短暫的安樂景象。但不到一年，元軍大舉南侵，南宋到了最危險的時刻，文天祥結束了十五年的宦海浮沉，踏上了戎馬生涯。

咸淳十年九月，元軍二十萬分兩路進攻南宋，皇太后謝道清下了一道「哀痛詔」，文天祥和張世傑兩人回應「哀痛詔」，召集兵馬，起兵勤王。

文天祥起兵後，積極要求奔赴前線阻擊元軍，扭轉戰局，但遭到主和派權臣的阻撓，還有人誣告勤王軍在樂安、宜黃一帶搶劫，文天祥氣憤地上書爭辯，得到社會輿論的普遍支持，太學生也上書抨擊投降派，在各方面的壓力下，朝廷終於頒旨召文天祥領兵入京。德祐元年八月，部隊到達臨安，一路秋毫無犯，文天祥聲望大增。

元軍攻破常州、平江後，臨安危急，主和、主戰兩派意見分歧，各行其是。文天祥、張世傑兩人聯名奏請朝廷背城一戰，危中求安，丞相陳宜中卻加緊策劃議降，太皇太后也準備投降。張世傑對朝廷徹底絕望，轉到南方招兵，以圖東山再起。文天祥的救國方略得不到支持，也想離開臨安回江西繼續抗元。元軍三路兵馬圍困臨安，城內城外，宋朝將官降的降、逃的逃，所剩無幾，太皇太后命文天祥為右丞相兼樞密使收拾殘局，文天祥見事已至此，不可推辭，答應出使元營，以便一窺虛實，見機行事，但他沒有料到對方手段險毒，一番唇槍舌劍之後，竟被元軍元帥伯顏無理拘留，太皇太后失去文天祥後，更無人可依，終於向元朝投降。

文天祥雖然被拘禁，但不甘失敗，又不肯歸順，伯顏沒有辦法，決定把他送往元朝京師大都（今北京），船到鎮江靠岸，文天祥被囚禁在一戶居民家中，他命隨從暗中打探敵情，聯絡船隻，計畫逃走，還暗中藏了一把匕首，以備必要時自刎，當晚，船隻被元軍巡船發現，但因巡船追捕時擱淺，元軍只能看著文天祥一行十幾人逃去。

文天祥從真州到揚州，又從揚州到高郵，繼續向泰州前進，最後在通州聽說益王、廣王在永嘉建立了元帥府，號召各地義兵勇士繼續抗元，就馬上決定投奔二王。德祐二年閏三月，他揚帆入海，回到南宋佔據的地方，計畫在閩、廣重舉義旗，團結各方義兵，統一部署，復興宋室。

許多文臣武將、地方名士、勤王軍舊部紛紛前來投效，文天祥又派人到各地招兵籌餉，很快組成了一支督府軍，規模聲勢巨大。

景炎二年初，元軍進逼汀州，文天祥退卻到廣東梅州，經過整頓，五月間又從梅州出發，打響了收復江西的戰役。在文天祥的領導下，江西的抗元軍事行動進行得如火如荼，各方義軍配合督府軍作戰，分別奪回會昌、雩都、興國、分寧、武寧、建昌等地，臨川、洪州、袁州、瑞州的反元義軍都來請求文天祥帶領，文天祥統一部署，揮師席捲贛南，收復了大片土地。

景炎二年八月，元軍發起大規模的進攻，督府軍由於沒有作戰經驗和嚴格訓練，戰鬥力不強，在元軍騎兵猛烈的衝擊下，慘澹收場，文臣武將或犧牲，或被捕，文天祥帶兵進入廣東，在潮州、惠州一帶繼續抗元。祥興元年十二月，文天祥不幸在五坡嶺被一支偷襲的元軍俘獲。文天祥被押到廣州，元朝政府為了使他投降，決定把他押送大都，一共被囚禁了三年零兩個月。

這期間，元朝千方百計地對文天祥勸降、逼降、誘降，參與勸降的人物之多、威逼利誘的手段之毒、許諾的條件之優厚、等待的時間之長久，都超過了其他的宋臣。但是，文天祥始終不肯屈服，於公元一二八三年英勇就義，當時年僅四十七歲。

專家品析

文天祥不僅是一個愛國者，也是一個政治家，他認為宋朝的危機主要在內部而非外部，因此積極要求改革。他批評宋朝「守內虛外」的方針，要求加強地方力量以抵禦外侮。同時提出革除祖宗專制之法，廣通言路、集眾思想、採取眾謀，發揮中書樞密院的作用，主張用人必須舉賢任能，收用君子，起用直言敢諫之士。由此可見，文天祥的政治主張，不但表達了時代的要求，而且順應了歷史發展的進程。

他的留芳千古的〈過零丁洋〉，其中「人生自古誰無死，留取丹心照汗青」的高尚品格，成為千百年來中國人的楷模。

政治主張或政論著作

文天祥曾積極進行改革，想要改變南宋「守內虛外」（即鎮壓內部、懼怕外族）的方針，要求加強地方力量以抵禦外侮。同時提出革除祖宗專制之法，通言路、集眾思、從眾謀，發揮中書樞密院的作用，主張用人必須舉賢授能，任用君子，起用直言敢諫之士。

32 砥柱中流斷，藏舟半夜移

——耶律楚材．元

生平簡介

姓名	耶律楚材。
別名	玉泉老人。
出生地	燕京。
生卒年	公元一一九〇至一二四四。
身份	政治家。
主要成就	輔佐成吉思汗及其子孫，著有《湛然居士文集》等。

名家推介

耶律楚材（公元 1190-1244），契丹族，字晉卿。元代傑出政治家，元太祖、睿宗、太宗三朝為宰相。

他博覽群書，旁通天文、地理、律曆、術數、醫卜。成吉思汗十年被召用，很受信任，曾跟隨成吉思汗西征，勸戒成吉思汗妄殺無辜，為官近三十年，官至中書令，在政治、經濟、文化等方面提出一系列有利於中原經濟發展的政策措施，元代立國後的各項主張多由他奠定。

他死後追封為廣寧王，謚文正，陵墓在北京頤和園。著有《湛然居士集》、《西遊錄》及《庚午元曆》等。

名家故事

公元一二一五年，成吉思汗攻下中都，聽說耶律楚材很有才能，就下令召見他。耶律楚才歸附成吉思汗後，跟隨他南征北伐，深得信任。

成吉思汗去世以後，窩闊臺繼位當了大汗，繼續重用耶律楚材，他在改變蒙古國的統治方式方面發揮了更大作用。窩闊臺繼位時，耶律楚材參照中原王朝的禮儀，制定了登基的儀式，並勸服窩闊臺的哥哥察哈臺率領皇族中長輩向他行參拜大禮，參拜禮節的制定，使大汗在蒙古貴族中至高無上的地位得到了確認和鞏固，增加了大汗的威嚴和權力，這是耶律楚材推行自己的主張、按中央集權的方式向蒙古統治者施加影響的第一步。

自秦漢以來，中央與地方的關係一直存在著矛盾，要鞏固一個地域廣闊的封建王朝，必須有切實可行的行政制度以便於中央對地方的控制。耶律楚材也不例外，他進行行政改革的一個最大目標是：削弱地方勢力，加強中央集權。一二三一年，耶律楚材被任命為中書令，受命全權籌設中書省，蒙古帝國開始有了中央的行政機構。基本上繼承了漢唐以來中原王朝行政機構模式並加入了適應本族特點的一些機構，機構以中書省為中樞，下屬各級行政機構都通過中書省而直接隸屬於皇帝，可見行政機構的骨架實際上是按照漢族文化和體制而設置的。

耶律楚材提出改革蒙古族軍民一體的治理方法，主張軍民分治，設立州縣，管理民政；設置萬戶所，負責軍政；課稅所負責徵收賦稅。這樣就把軍權、政權和財權分割開來，可以相互牽制、相互監督，協調了漢族地主和蒙古貴族之間的矛盾。

蒙古向外擴張，其目的是為了掠奪，到某一地後總是把財產搶劫一空，把擄來的人民和工匠充作奴隸，按功勞大小分給貴族、將領。這種掠奪方式對社會生產力破壞巨大且不適合農耕經濟，不利於對中原地區的統治。作為一個遊牧民族，蒙古統治者還不知道農業對經濟的重要性。窩闊臺採納了耶律楚材的意見，把全國分為十路，每路設正副課稅使，他們直接隸屬於可汗，與各地主管民政的文官、主管軍政的萬戶三分鼎立，各不相干。這十路分別是：燕京、宣德、西京、太原、平陽、真定、東平、北京、平州、濟南。收稅的制度一直在不斷的完善中，到一二三六年以後，中原稅制大致確定。

耶律楚材為了保持漢文化並使蒙古上層接受漢文化，利用蒙古貴族的實用主義思想，在保護和任用儒才、傳播儒家禮教方面，都做出了突出的偉大貢獻。

蒙古征服了中原地區後出現了一個問題——如何治理這個文化先進的地區。耶律楚材上奏說：「天下雖得之馬上，不可以馬上治理。」他深知要統治中原非用中原的制度不可，於是他大力保護漢儒士並引薦他們進入仕途。

教育上，耶律楚材大力宣導儒學，推崇孔子。徵得太宗的同意，修復了孔廟，優待孔子後裔，建立了國子學，用封建文化教育民眾。公元一二三七年，又提出恢復科舉考試，第二年，元朝首次開科取士，一次錄取了四千多人，科舉考試的恢復，提高了中原儒生的地位，為國家發現並招攬了大量的人才，為忽必烈時期蒙古帝國的發展繁榮積蓄了力量，奠定了基礎。

耶律楚材還堅決反對戰爭中的殘暴行為，蒙古慣例，對拼死抵抗的城池，城破之時，就屠城來報復。耶律楚材力勸太宗改變這種野蠻做法，保全普通百姓生命。太宗採納了他的建議，一場毀滅中原農業文明的浩劫被阻止了，中原千百萬生靈被保全了下來，這是耶律楚材對中國歷史、中華文明的最大貢獻。

蒙古鐵騎所向披靡，但其勝利後的統治則充分暴露了落後性。於是在中原地區出現了「胡化」與「漢化」的衝突，耶律楚材憑自己的智慧和能力引導統治者看到了漢文明的優越性，使蒙古帝國本身沒有的禮儀、賦稅制度建立起來，使蒙古落後的分封制和部落聯盟的管理體制逐漸消失，蒙古幼稚的法制得以發展健全。耶律楚材在蒙古國向元朝過渡的創業中功不可沒。但遺憾的是，在他的有生之年，許多建議和構想受到了貴族、包買商人的阻撓和破壞，沒有得到有力的貫徹和實施。這與當時的社會環境、具體情況和民族性是分不開的，統治者有心斂財興武，無心安撫百姓，百姓在兵荒馬亂中也無心生產而疲於奔命。但是耶律楚材的作為卻起到了承上啟下的功用。在後來忽必烈的建朝大業中，在蒙古進一步的漢化中，基本上沿襲了他走過的道路，並將其發揚光大。

耶律楚材在成吉思汗、窩闊臺汗兩朝為官近三十年，立下了不朽之功。後脫列哥那稱汗時，耶律楚材屢次遭到皇后排擠，於公元一二四四年五月，悲憤而死。「砥柱中流斷，藏舟半夜移」，消息傳出，許多蒙古人都哭了，如同喪失了自己的親人一般，漢族的士大夫更是流著眼淚憑弔這位功勳卓著的契丹族政治家，蒙古國數日內不聞樂聲。

專家品析

耶律楚材為元朝的奠基者之一，其德其才可與許多中原名臣相提並論。他嘔心瀝血地為蒙古立足中原，定立各項制度、發展農業、興盛文教，加速了蒙古民族的封建化進程，他為官強諍巧諫，成為後人對國事盡忠盡智的楷模。

耶律楚材不僅是一位傑出的政治家，而且多才多藝，是一個在文化藝術方面有卓越修養和多種貢獻的人。他是我國提出經度概念的第一人，編有《西征庚午元曆》，還主持修訂了《大明曆》。

政治主張或政論著作

治國方略上，太宗窩闊臺繼位時，耶律楚材參照中原王朝的禮儀，為他制定了登基儀式，參拜禮節的制定，使大汗在蒙古貴族中至高無上的地位得到了確認和鞏固，增加了大汗的威嚴和權力。這是耶律楚材推行自己的主張、按中央集權的方式向蒙古統治者施加影響的決定性一步。

33 統元建功勳，氣度恢弘臣

——史天澤・元

生平簡介

姓　　名	史天澤。
字	潤甫。
出 生 地	河北省永清縣。
生 卒 年	公元一二〇二至一二七五。
身　　份	中書右丞相。
主要成就	平定李璮之亂。

名家推介

史天澤（公元 1202-1275），字潤甫，大興永清（今河北永清縣）人。一二一三年隨父史秉直歸順蒙古。隨忽必烈滅金伐宋，功勳卓著。一二二五年春，接替哥哥史天倪任元帥職。不久率軍擊敗金將武仙，俘殺抗蒙紅襖軍，攻克趙州、真定等地，一二二九年被封為五路萬戶。元世祖忽必烈繼位後，官拜中書右丞相，為元朝初期著名政治家。

名家故事

一二二九年，蒙古太宗（窩闊臺）繼位，設立萬戶，專門統領漢兵。命史天澤為真定、河間、大名、東平、濟南五路萬戶。蒙古太宗二年，金國大將武仙屯兵在衛州，史天澤合力派各路大軍圍攻，金國元帥完顏合達率兵十萬趕來援救。雙方激戰，史天澤率數千人繞過敵後，擊敗金兵，蒙古大軍乘勢聚集反攻，武仙逃走，衛州被蒙古攻克。

一二三八至一二三九年間，連年蝗旱，史天澤拿出自己的全部家產貨財，與戰士百姓同甘共苦，招撫流散民眾，治療戰爭創傷。幾年期間，他治理的真定境內的兵甲戶口都超過其他的各郡。而其餘各個郡縣的數萬蒙古軍士散佈於州郡之間，砍伐桑樹，毀壞莊稼，百姓無法生存。史天澤上奏朝廷後，命令蒙古軍退回到嶺北。從此生產得以恢復，民眾得以安寧，社會經濟得以恢復和發展。

元憲宗繼位後，他知曉漢族地區不好治理，尤其是河南、陝西。一二五二年，憲宗派史天澤、趙壁等為經略使治理河南。此時的河南，軍隊沒有紀律，百姓無所依託，各種苛捐雜稅繁雜，百姓流離失所。史天澤到達河南，選用賢才，均勻賦稅，誅殺奸惡，整肅地方官吏，興利除害。不到三年，河南大治，百姓安樂，商業繁榮，軍備也得到了加強。

史天澤勇於承擔責任。一二五七年春，憲宗命左丞相阿藍答兒掌管天下財政賦稅。阿藍答兒性格苛刻，羅織罪名，許多官吏受到誣陷。史天澤說：「我是經略使，是非功罪，理當由我負責，不該責罰他人。」許多人因此獲釋。

史天澤知人善任，求賢若渴。當初，史天澤攻打衛州（今豫北境內），攻破歸德（今河南商丘）後，見有數人被抓，便問其中一位是誰，那人說是李正臣。史天澤不僅免除他的大罪，而且派人護送他到真定，讓他做參謀，把真定所有公事全權交付給他。每當南征北戰，史天澤必簽數十張空名委任狀，有可任用者立即委任。當時的大批文人學士都慕名歸依他，如王若虛、李冶、張德輝、元好問等都來到真定。尤其是白樸隨元好問來到真定，以後成為元曲大家，還出現了以白樸為首的元雜劇作家群，使真定成為早期元雜劇創作和演出的中心，這也是史天澤文治的一大政績。

中統二年五月，史天澤官拜中書右丞相後，立即實行他的治國方略。他主持中書省，定省規十條，以保證政務暢通，使政務運作井然有序。他在任期間，統一了賦稅制度，一定程度上減輕了農民負擔。

史天澤成為宰相後，仍然統軍出征。中統三年二月，李璮發動武裝叛亂，從益都率軍佔據濟南。李璮是叛降蒙古的義軍首領李全之子。李全死後，李璮襲承父親職位，管轄地稱為益都行省。忽必烈繼位後，加封李璮為江淮大都督，羽翼已豐的他率軍叛亂，忽必烈急召諸路蒙漢軍平叛。先命宗王哈必赤率領各路大軍南向討伐；四月，增派史天澤統領各路大軍。史天澤到達濟南，對哈必赤說：「李璮詭計多端，又有精兵，不宜與他硬拼，應當長期圍困。」於是，指揮各路將士開河築環城，將李璮困在濟南。七月，城中糧食斷絕，軍心潰散投降，李璮投大明湖自盡未遂而被俘斬殺。接著，大軍東行，益都各地聞風而降。出征期間，自始至終，史天澤都未曾把皇帝給他的詔旨告訴別人。平亂後入朝，元世祖慰勞，他又都將功勞歸於眾將。

至元三年，皇太子燕王管理中書省事務，史天澤就任輔國上將軍、樞密副使。次年，又授予他光祿大夫，改任中書左丞相。他提議建立三衛和寓兵於農的政策，兩三年時間，國家面貌和軍隊實力，出現了極大的改觀。

一二七一年，忽必烈改國號蒙古為大元。進封史天澤為開府儀同三司、主管軍國大事。此時，史天澤已年近七旬，忽必烈雖然傳旨說：「省、院、臺，或一月、一旬，遇大事，卿可商量，小事不煩卿。」但是，史天澤仍總領大軍，南進攻宋，到鄭州時得了重病，忽必烈讓他北歸真定，並派太醫去視探，為他治病。至元十二年病逝，終年七十四歲。忽必烈念他功勳卓越，贈太尉，謚忠武。後累贈太師，進封鎮陽王，為他立廟祭祀。

專家品析

史天澤出將入相數十年，多謀善斷，料敵用兵，主張攻心為上，力戒殺掠，為蒙元軍奪取戰爭勝利起了重要作用。史天澤及其家族是蒙古時期最大的一支地方勢力，也是元代唯一的官至右丞相高位的漢族人。

綜觀史天澤的一生，幼年時隨父歸附蒙古後，歷經太祖鐵木真、太宗窩闊臺、乃馬真後、定宗貴由、海迷失後、憲宗蒙哥、世祖忽必烈前後七代，在民族鬥爭和階級鬥爭錯綜複雜的環境中，官至高位。由於他為人公正，不謀私利，對蒙古貴族統治者盡忠效力，「出將入相五十年，上不疑而下無怨」，實屬不易。元朝的建立結束了全國的分裂局面。史天澤對國家的統一是有貢獻的，是值得肯定的歷史人物。

政治主張或政論著作

史天澤出將入相近五十年，每當面臨大事、遇到大難、討論重大政治決策時，都毅然以天下百姓為己任，以竭忠報國、尊重蒙古皇權和愛護百姓為原則，從不追求個人富貴權勢。

34 功績顯赫威，民族融合恩

——賽典赤．贍思丁．元

生平簡介

姓　　名　賽典赤．贍思丁。

別　　名　烏馬兒。

出 生 地　中亞布哈拉。

生 卒 年　公元一二一一至一二七九。

身　　份　雲南行省平章政事。

主要成就　治理昆明盤龍江水患。

名家推介

賽典赤．贍思丁（公元 1211-1279），中亞布哈拉（今烏茲別克斯坦）人。他是我國元代傑出的政治家，他為昆明乃至雲南的發展做出了重大貢獻。

「賽典赤」阿拉伯語意為「榮耀的聖裔」，「贍思丁」為「宗教的太陽」之意。成吉思汗西征時，他率部歸元。一二二四年，任成吉思汗帳前侍衛，隨從征伐各地。元太宗繼位後，主管豐、靖、雲三州民政。後來任燕京路斷事官等。元世祖年間，任陝西、四川行中書省平章政事（相當於省長）。

名家故事

賽典赤・贍思丁常被稱為咸陽王，回族，先知默罕默德後裔，才學過人，頗受元世祖忽必烈重用。憲宗年間，任燕京路總管時鼎力資助忽必烈平定雲南。至元元年，他出任陝西、四川行省平章政事，為元軍攻打南宋理財備戰。他治理陝西三年，政績卓然，至元十一年任雲南行省平章政事。

元軍佔領雲南後，統治不順，矛盾重重。於是忽必烈選取他認為處事謹慎的賽典赤進入雲南主理政事。他受命後，他先仔細研究了雲南的地理民情等，又取得了早期進入雲南的蒙古宗王的信任，解決了蒙古王族與行政官員間的矛盾，取得政令統一。接著把一貫強大的地方割據勢力根據不同地方的不同情況，按元制編成路、府、州等有效行政區，以各族貴族和朝廷委派官員結合的方式進行改革，紛亂的局面大為改觀。

公元一二七六年，賽典赤把省會從大理遷到昆明，從此昆明作為雲南省會。他制定合理賦稅，促進生產發展，保證了社會的安定。輕徭薄賦，並規定賦稅可以根據各地不同狀況用牛、馬、銀錢等交納，利用無主荒地建立民屯，盡量改變原始混亂的局面，治理收到很大的效果。

在文化建設方面，積極興辦教育，建立孔子廟，購買書籍，迎請四川教師，不遺餘力地傳播先進文化。改善民族關係是治理好雲南的一個根本，他採用盡量團結的手段，利用不以殺伐為主的懷柔政策，在「攻心」方面取得巨大成果，使該地區日益安定。

治理昆明，賽典赤最大的功績還是興修水利。賽典赤赴雲南任職時已年過六十，但他不顧年老體衰，親自到各地探察水情，分析水患原因。盤龍江水挾帶大量泥沙從松華谷口流入昆明壩子後，水流漸緩，泥沙常常致使江道淤積，水流不暢，加之堤防毀壞，失去主槽，造成江水四處溢出。唯一的出水口海口又淤積嚴重，以至於雨季滇池水滿暴溢，致使洪水氾濫成災。了解到這些情況後，賽典赤把熟悉治水的大理巡行勸農使（元代官名）張立調來協助治水，並組織了二千多民夫供調遣，下決心根治盤龍江水患。

賽典赤首先開始疏通河道修建松華水庫，建築石龍壩，增大滇池出水量，使滇池水位下降，不但解除了滇池水對盤龍江水的頂托作用，還使大片土地落出水面，得到良田萬頃，從此，這些地方開始有了村莊。接著，又大規模疏理盤龍江、加固堤岸，開挖水渠，將昆明東北部自由漫溢的水引入盤龍江。同時，在金汁河上建小閘十座，涵洞三百六十個；在寶象河等地開挖十二條分水河、七十二條暗溝，以形成水網，既可分流洪水，又可灌溉農田。

這次歷時三年，動用民工兩千多人的宏大工程完工後，滇池周邊地區呈現一片富饒景象，簡直成了江南魚米之鄉。賽典赤治理雲南六年，清廉自守，政績卓著，在封建社會的官吏中是難能可貴的好官。

元世祖忽必烈追封他為「上柱公、咸陽王」。昆明人因此建「咸陽王廟」，又取「忠君愛民」之意建「忠愛坊」，以志憑弔。賽典赤治理盤龍江水患，為後世打下了堅實的基礎，歷經七百多年的松華壩水庫至今仍在造福人民。但是，賽典赤後的數百年間，由於地方官員疏於治理，河道淤積壅堵，堤岸年久失修，每遇暴雨，江水又屢屢氾濫成災。

新中國成立後，人民政府重視興修水利。一九五六年，在一九四六年修建的谷昌壩基礎上擴建松華大壩，後來又數次加固加高大壩。如今，一座現代化大壩屹立在松華谷口，防洪能力可達百年一遇洪水標準，承擔著昆明人口百分之五十以上的供水量，同時還灌溉農田二萬多畝，年發電五百五十萬千瓦時。盤龍江水患終於得到了徹底的治理。

倘佯在風光秀麗的盤龍江畔，流連於碧波蕩漾的松華壩水庫岸邊，撫今追昔，昆明人會感慨萬千。盤龍江記錄著歷史的滄桑和時代的變遷，任何一個為人民做好事的人，人民都不會忘記他，歷史也不會忘記他。

專家品析

賽典赤在雲南任職六年，忠於職守，勵精圖治，興利除弊，治政有方，使雲南出現了一段政通人和、百業興旺、國泰民安的景象。特別是在治理昆明盤龍江水患上，賽典赤寫下了彪炳千秋的光輝一頁。

政治主張或政論著作

賽典赤對待地方上層，採取收攬人心的辦法以代替軍事鎮壓。在安定民生和發展生產等方面採取了一系列措施，如均賦稅、輕徭役、建義倉以賑濟水旱災民、修建養濟院以撫恤孤貧、招集散亡百姓從事生產。賽典赤卒於雲南任上。史稱他「秉政六年」、「舊政一新」，對於祖國的統一和雲南的發展做出了貢獻。

35 脫脫更化制，名留青史勳

——脫脫・元

生平簡介

姓　　名　脫脫。

別　　名　托克托。

生 卒 年　公元一三一四至一三五六。

身　　份　政治家、軍事家。

主要成就　脫脫更化。

名家推介

脫脫（公元 1314-1356），又名托克托，也稱脫脫帖木兒，蔑里乞氏，字大用，蒙古族蔑兒乞人，元朝末期政治家、軍事家。

脫脫在四年多時間的改革中，使元朝末年的昏暗政治一度轉為清明，取得了不少成績，脫脫是元朝後期有作為的政治家。脫脫一死，元朝再無起色，直至滅亡！

名家故事

自從忽必烈推行「漢法」以來，蒙古貴族內部圍繞著繼續推行

「漢法」還是抵制「漢法」的問題鬥爭一直很尖銳。伯顏擅自專權以來，更是排斥漢人，廢除科舉，採取一系列民族壓迫政策，成為元代後期一場罕見的抵制「漢法」運動。脫脫雖然是伯顏的侄子，從維護元朝統治的根本利益出發，他不滿伯顏的做法，因而發動了一場在皇帝支持下的政變，驅逐了伯顏。這一行動受到朝野官民普遍歡迎，百姓痛恨伯顏專權貪贓，都紛紛拍手稱快。伯顏下臺之後，元朝皇帝妥歡貼睦爾拜脫脫的父親馬札兒臺為太師、中書右丞相，脫脫為知樞密院事，脫脫的弟弟也先帖木兒為御史大夫。馬劄兒臺上臺後，熱衷於經商斂財，於是脫脫大義滅親，上奏章彈劾他的父親。同年十一月，脫脫出任中書右丞相。脫脫上臺後，大刀闊斧地廢除伯顏「舊政」，推行一系列新政，史稱「脫脫更化」。

脫脫推行的更化政策主要內容有：第一，恢復科舉制度。脫脫出任中書右丞相後僅一個多月，正式宣佈恢復科舉。這一舉措對於籠絡漢族士大夫、引導人們走讀書入仕的道路、消除由於伯顏推行排漢政策而帶來的民族隔閡心理具有一定的作用。第二，設置宣文閣，一時精英薈萃，文采煥然。脫脫執政後，立即改原來的奎章閣為宣文閣，改藝文監為崇文監，宣文閣主要任務是宮廷教育。宣文閣設立後，在教育、修撰三史、翻譯古籍、編撰史書等方面起了很大的作用。第三，恢復太廟。伯顏專權以來，禮儀制度多有破壞，現在一切按規矩辦事。第四，調整蒙古統治集團內部關係。伯顏曾為一己私利，迫害、打擊異己，造成蒙古貴族內部不和。現在給冤枉的老臣昭雪，讓他們回到自己的領地，這些措施對於維護蒙古統治集團內部的團結起了一定作用。第五，減輕對人民的控制和剝削。第六，整頓吏治。元朝末期貪官污吏到處橫行，吏治敗壞。脫脫上臺後對地方官提出了新的要求，他創立六條標準，又制定〈守令黜陟之法〉。

至正四年五月，脫脫因病辭去相位。同年六月，父親馬札兒臺被右丞相別兒怯不花彈劾，脫脫力請同行去照料父親，於是父子居住在甘州（今甘肅張掖）。同年十一月，馬札兒臺病死，脫脫返回京師。至正八年，皇帝命脫脫為太傅，負責東宮事務。

脫脫辭去宰相後，阿魯圖、別兒怯不花、朵兒只先後任右丞相。這段時間有五年多，元朝皇帝妥歡貼睦爾雖仍有勵精圖治之志，也曾推出一些新政，但從整體來說，元朝政治腐敗已不可挽救。加之天災頻繁，農民起義和少數民族起義此起彼伏，社會矛盾進一步激化。面對日益加深的社會危機，皇帝妥歡貼睦爾在至正九年閏七月命脫脫再次為中書右丞相。

脫脫重新任宰相後，慨然以天下為己任，下決心治理這瘡痍滿目的社會。當時擺在脫脫面前的有幾大棘手的難題：

第一，河患引起的嚴重財政危機。脫脫辭相後僅一個月，至正四年夏五月，大雨二十餘日，黃河暴溢，水準地深二丈多，所屬沿河州縣均遭水患。朝廷對此也束手無策，以致水勢不斷向北蔓延，先是淹沒濟寧路各地，大有掐斷元王朝經濟命脈之勢。運河中斷將危及大都糧食和生活必需品的供應，使元朝財政收入極具減少，本來已經空虛的國庫面臨著新的危機。

第二，河患加劇了社會動盪不安。自從河患發生以來，河泛區的饑民和流民紛紛起來反抗，全國各地不斷爆發起義，至正四年七月至十月，全國發生起義達二百餘起，百姓流離失所。

第三，統治集團內部矛盾尖銳。脫脫不在相位後，以右丞相別兒怯不花為首的一派與脫脫父子有舊怨，別兒怯不花、左丞相太平、御史大夫韓嘉納、右丞相禿滿迭兒等十人結為兄弟，各級官員之間矛盾重重。

脫脫重新被啟用為右丞相，為了極大地挽回破敗的大元局面，也曾做了極大的努力，但是畢竟回天無力。至正十二年，他最後一次率兵擊敗徐州紅巾軍。至正十四年，他被朝中政敵彈劾，流放雲南，至正十五年被人毒害致死。

專家品析

脫脫是元朝後期蒙古貴族集團中少見的有見識、有能力的宰相。用封建史家的標準來衡量，脫脫不失為善於治國的忠臣，但從歷史發展的總體看，他雖然推行了一些有利於社會發展的措施，但終究不能挽救垂死沒落的封建王朝，其主要政治活動是徒勞的。

政治主張或政論著作

脫脫的主要政治行為集中在以下幾個方面：一、恢復科舉制度；二、設置宣文閣，恢復太廟祭祀；三、平反昭雪一批冤獄；四、開馬禁、為農民減輕負擔，放寬政策；五、主持編寫宋、金、遼三史。

36 開創明霸業，後世比武侯

——劉基・明

生平簡介

姓　　名　劉基。
字　　　　伯溫。
出 生 地　青田縣南田鄉（今浙江省文成縣）。
生 卒 年　公元一三一一至一三七五。
身　　份　政治家。
主要成就　輔佐朱元璋創立大明基業。

名家推介

劉基（公元 1311-1375），字伯溫，元末明初軍事家、政治家及詩人，通曉經史天文、精通兵法。他輔佐朱元璋完成帝業、開創大明王朝。並盡力保持國家的安定，因而馳名天下，被後人比作諸葛武侯。被朱元璋多次稱為：「吾之子房（西漢張良名字也）」。

劉基為政清廉，有知人之明。他精通天文、兵法、數理等，還以詩文見長，在文學史上，與宋濂、高啟並稱「明初詩文三大家」。

名家故事

公元一三六〇年，劉基被朱元璋請到應天府任謀臣，從此開始展現出他一個非常成功兵法家的才能。

劉基任謀臣後，建議朱元璋脫離「小明王」韓林兒自立勢力。原本小明王韓林兒封朱元璋為左副元帥，朱元璋借用龍鳳年號，名義上受小明王節制，攻克南京之後，先後佔領了淮河江左地區，攻下浙江後，朱元璋被手下奉為吳國公，劉基奉勸朱元璋要有雄心壯志、大展宏圖、擔負起打天下建立新王朝的使命，建議他脫離小明王而自立為王。

朱元璋自立為王渡過長江後，勢力發展較快，但仍只局限於浙江一帶，且東有張士誠，西有陳友諒，均為勁敵，稍有不慎，就有敗亡的危險。許多人認為張士誠佔據蘇州富饒地區，應該首先攻取，劉基針對當時形勢，向朱元璋提出避免兩線作戰，採取各個擊破的戰略，於是朱元璋制定了集中優勢兵力先後消滅陳友諒、張士誠等勢力的戰略決策。劉基因為深熟韜略，通曉天文地理，並且用兵如神而深得朱元璋信任。

公元一三六〇年，陳友諒率精兵三十萬，戰艦五千艘，攻下太平，大軍進入採石磯，直逼金陵，氣焰囂張並對朱元璋構成極大的威脅。當時朱元璋駐金陵守兵僅有十萬餘人，由於雙方力量對比懸殊，軍中文武大臣亂成一團，有的主張投降，有的主張放棄應天，保存實力再作主張，有的主張出擊，一決雌雄……，唯獨劉基一人不說話，朱元璋就把他請到自己的臥室徵求意見。劉基說：「主張投降和逃跑者，應殺頭治罪，因為他們不分析大好形勢，散佈失敗情緒，事實上，陳友諒自以為兵強勢眾，又打了幾場勝仗，更是志得意滿，目空一切。我們就利用他的驕傲情緒，設下埋伏，設計引誘他孤軍深入，一鼓作氣，可將他殲滅。」朱元璋聽了劉基這番獨到見解後，君臣達成共識，確定了應對之計。首先派康茂才詐降後，康茂才引誘陳友諒夜裏前來劫城，並約定至江東木橋邊呼「老康」為聯絡信號。陳友諒不知是計，果然點精兵三十萬，行到預先約定地點，只見有座鐵橋，派人呼「老康」，又無人答應，正在疑惑間，突遇暴雨，四下伏兵一齊出擊，陳友諒鼠竄狼奔，敗退到了江邊，誰知原有渡江用的戰艦，已被劉基派人繳獲，僅留破船三百隻，陳友諒敗軍爭先上船，行至江中，又突聞火炮聲，破船沉沒了一半多，主力全部被殲，這一下就挫敗了陳友諒的銳氣。朱元璋乘勝收復太平，攻下安慶、信州、兗州，陳友諒只得帶領傷兵敗將倉惶逃回漢陽老巢。

三年後，陳友諒重整旗鼓，號稱百萬大軍，再次與朱元璋在鄱陽湖做生死存亡的大決戰。在勝負的關鍵時刻，劉基始終在朱元璋身邊參與軍機，運籌帷幄。一次，他忽然發現水鳥驚飛，預知這是陳友諒要向朱元璋的指揮船開火，在這千鈞一髮之際，他立即拉起朱元璋轉移到另一條船上，還未坐定之時，原來那條船就已被火炮打得粉碎。當時陳友諒看到朱元璋的指揮船已被打沉，大喜過望，不料朱元璋仍在指揮戰鬥，而且士兵越戰越勇，最後大敗陳友諒，陳友諒也在這次水戰中陣亡。這次戰爭就是我國歷史上以少勝多、以弱勝強的戰例之一——鄱陽湖之戰。

朱元璋建立大明之前，劉基受命拓建南京城。一三六七年，朱元璋授予他太史令，和李善長、楊憲、傅獻、陶安等一起制定大明律令。平定張士誠後，張昶派人上書稱頌功德，勸朱元璋及時行樂，劉基當即進言給朱元璋說：「這是要你做秦二世呀！他們這不是趙高嗎？」及時提醒朱元璋「居安思危」。

大明立國以後，劉基奏請定立〈軍衛法〉，提出「寬以待民和嚴懲貪吏」的主張，整肅吏治，嚴懲貪污。朱元璋封劉基為「誠意伯」，其實朱元璋一直很想讓劉基做宰相，劉基卻一再推辭。劉基作為明朝開國元勳，不但勞苦功高，況且還多次救過朱元璋性命。劉基也想當這個「一人之下、萬人之上」的宰相，因為這樣就能實現他讓百姓過上好日子的抱負，但是他知道自己過於正直，會遭到奸臣的排擠，是實現不了願望的，所以六十一歲告老還鄉，急流勇退並得以善終。

四年後，劉基病死於故里，享年六十五歲。同年六月，被安葬在鄉中夏中之原。一五一三年，朝廷贈他為太師，諡號文成。一五三一年，因刑部郎中李瑜的諫言，朝廷再度討論劉基的功績，並認為他應該和徐達等開國功臣一樣，享受太廟，並得以實施。

專家品析

劉基一生前期幫助朱元璋打天下，後期幫助朱元璋鞏固天下，說明劉基是位卓越的軍事謀略家、政治家，既是開國功臣，也是治國良臣。

劉基在政治、軍事、天文、地理、文學等方面有很深的造詣，後人合編《誠意伯文集》二十卷。他的治世主張收錄於《郁離子》中，集中反映了他治國安民的主張，也反映了他的人才觀、哲學思想、經濟思想、文學成就、道德為人以及淵博學識等。他以傳統的儒家思想作為治世的理論基礎，主張寬仁之道，認為只要把握好國家的綱紀、刑德、人才，就能治理好天下。

政治主張或政論著作

劉基的政治主張，以儒家思想為主。強調「國以民為本，而民以食為天」，「固國莫大於保民，而保民莫切於備患」。他把休養百姓生息、加強邊境武備視為立國的兩大根本。

37 首席公卿封，在世稱蕭何

——李善長・明

生平簡介

姓　　名　李善長。

字　　　　百室。

出 生 地　定遠（今屬安徽）。

生 卒 年　公元一三一四至一三九〇。

身　　份　政治家、丞相。

主要成就　編制《大明律》。

名家推介

李善長（公元 1314-1390），字百室，漢族，明朝定遠（今屬安徽）人。明朝開國丞相。

李善長作為明代初年的「大總管」，被朱元璋稱為「在世蕭何」。他在朱元璋最不如意的時候投奔而來，一直負責軍隊的糧餉供應，是朱元璋大封功臣時的「首席公卿」。洪武初年任左丞相，封韓國公。洪武二十三年，因胡惟庸之事一家七十餘人被殺。

名家故事

朱元璋最初在郭子興的帳下聽命，因為打仗勇猛並有恩於郭子興的乾女兒馬秀英，很快就被郭子興提拔。在長時間的起義生涯中，朱元璋因為仗義豪爽而團結了一大批勇士猛將，如徐達、常遇春、湯和等，這些人與他在戰爭中出生入死、患難與共，結下了深厚的友誼。在屢次被郭子興挑撥和指使中，一向倔強的朱元璋終於難以按捺心中的怒火，一個月白風清的夜裏，他帶著十幾位猛將，離開郭子興，來到了定遠城，奇襲定遠的元營，不足半天，便拿下了定遠城。

元朝統治者絕不會那麼輕而易舉地將大片沃土拱手相送，所以如何壯大自己的軍事力量，日後如何能順利發展，朱元璋迫切需要一位出謀劃策的軍師相助。佔領定遠城後，朱元璋將原來的元軍在定遠的糧倉據為己有，並試圖招兵買馬，壯大實力，遺憾的是遭到了定遠百姓的反抗。正當朱元璋如坐針氈時，手下的大將湯和向他推薦了李善長，並建議他屈尊前去拜訪。

迫於無奈，朱元璋懷著試一試的心情去探訪瞭解這位聞名遐邇的名士。初次會面，李善長對這位曾南征北戰讓元軍聞風喪膽的將軍沒露出一點恭維和尊敬的態度，相反卻提出了一條讓朱元璋無法接受的方略——將戰爭中奪取的元軍糧食的一半分給定遠的貧苦百姓。朱元璋一聽此言，便憤然離去。在歸營途中似乎感覺出李善長言說有理，於是回到軍中，當天便下令將所得糧食分給百姓，同時張貼出了招兵告示，果然沒出二天，便集聚了三千將士，回想起這都是李善長的提醒，朱元璋便再也坐不住了。

第二次朱元璋來到李善長的門下，懇請李善長出山相助，這次相遇，是兩人情投意合的關鍵。李善長以劉邦的起兵為入口，大講用兵治國之道，讓朱元璋十分欣慰，將李善長奉為上賓。李善長早已耳聞朱元璋的行為，因此欣然答應願隨朱元璋出生入死，效力疆場。

他首先提出了「高築牆」的建議。目的就是不要輕易將義軍分裂，緊緊將已經效命於麾下的將士籠絡到手下，並開闢出自己的一片根據地，打牢自己的軍事基礎。正是這一條，讓朱元璋能在金陵開闢出自己的天地，不斷擴大了自己的勢力。

功勞蓋世的郭子興終於因為長年征戰病倒了，臥榻之上，郭子興就囑咐兒子郭天敘，一定要將一個人攬入軍營，否則郭氏紅巾軍的命運將難以估測，這個人便是李善長。當提調李善長的命令傳到朱元璋的軍營時，作為下屬，朱元璋也猶豫，因為他深知：有李善長的協助，他的前途會變得更輝煌。但郭子興是收留他入義軍的父帥，命令又不得不從，當他將命令傳達給李善長時，沒想到李善長一口回絕了郭子興的邀請，堅決留在朱元璋的帳下效勞。郭子興無法強人所難，只好任其發展，而朱元璋則感激萬分，從此更加重視李善長。

有了李善長的多謀善斷和徐達、常遇春、湯和等大將在戰場上的效勞，朱元璋便想乘勝一舉拿下雞籠山寨，為了保證和陽城不被敵人偷襲，他讓李善長在和陽城留守，並鄭重囑咐他一定不要隨便出擊，以防丟失城池。

果然不出所料，元軍趁朱元璋率大軍攻擊雞籠山寨時，派一隊軍士偷偷包抄和陽城，李善長沒有遵從朱元璋堅守不出的命令，而是輕易就識破了元軍偷襲的企圖，早已派人在元軍偷襲的路上設下埋伏，幾乎兵不血刃地將來襲的元軍全部包抄生擒。

朱元璋班師回營後，對李善長的行為大加讚賞。此時，郭子興之子郭天敘正和元軍酣戰，大規模的元軍企圖將勢力日益薄弱的郭氏紅巾軍一舉消滅後，再圍攻朱元璋，所以傾巢出動。郭天敘剛愎自用，不聽左右大臣勸告，盲目聽信奸細計策，貿然出兵，很快就陷入元軍的重重包圍之中，在艱險困境中的郭天敘想起了最後的一根救命稻草，那就是黃岡守軍朱元璋，當他派人去求援時，朱元璋早已料到，他表面答應救援，而正當元軍將奄奄一息的郭天敘徹底剿滅的那一天，朱元璋佔領了金陵，並調集精兵強將鋪天蓋地地將元軍重重包圍，消滅脫脫的主力。這次戰爭，朱元璋不但贏得了巨大的聲譽，而且勢力得到迅速壯大。

為了將金陵四周的元軍領地徹底拔掉，朱元璋在出征前提拔並重賞了幾個重要將領，也將李善長提為右丞相。為此，李善長為朱元璋招賢納士，安頓黎民，並為朱元璋幾次的征戰充分做好了後勤的保障，就連渡江的船隻、新兵的武器，都由李善長籌備，使朱元璋的征戰無後顧之憂。每攻下一個城池，朱元璋便讓李善長留守從事經濟和政治的安頓治理，李善長不但能將戰亂後的人心安頓下來，而且革除了元朝統治時的一些弊政，並使當地百姓能安定生活，安居樂業。

當感覺到再無元軍的大威脅後，李善長極力勸朱元璋登基稱帝。在以李善長為首的淮西大臣將領的敦促下，朱元璋終於在一三六八年登上了帝位，開始了大明王朝的統治。

在大明王朝剛剛成立時，百廢待興的偌大的王朝，在李善長和劉伯溫等重臣的策劃下制定了典章制度，完成了一個鼎盛王朝的基本架構。在徐達勝利北伐班師回朝的封賞大典上，李善長被封為韓國公。

李善長在仕途青雲直上的同時，也提拔了一批自己的故友與學生，胡惟庸便是其中一位。在跟隨朱元璋打仗時，胡惟庸就顯示了他精明能幹的一面，後因擅於揣摩朱元璋的想法，讓朱元璋心裏暗喜，又經李善長的極力推薦，便一時升到了中書省的丞相位子。但隨著權勢的不斷增大，胡惟庸日益驕橫跋扈，對下屬官員隨意進行處置，甚至敢於和開國元勳徐達進行對抗。

在感覺到外來威脅不存在後，朱元璋卻隱隱感到內部的危險在不斷膨脹，以胡惟庸為首的淮西文臣武將自恃功高而目無一切，一些跟隨朱元璋南征北戰、出生入死的大將也無不驕橫跋扈，更讓朱元璋擔憂的是，太子朱標膽怯柔弱。他不敢想像自己百年後，君臣關係會出現一種什麼狀況，為了實現朱姓王朝的永世長存，決心進行一次政治大地震。

公元一三八〇年，也就是洪武十三年，朱元璋藉口胡惟庸謀反，突然派兵將胡惟庸的官府包圍，將胡惟庸全族逮捕，當天便將他們全部處死。

公元一三九〇年，七十七歲的李善長全族七十多口被明朝宮廷衛士突然逮捕，以參與胡惟庸謀反案的理由被誅殺。為明朝操勞一生的李善長，最後卻死在了明朝的屠刀之下。

專家品析

李善長建立朱明王朝的功勞不亞於徐達，與徐達同為朱元璋所倚重。但朱元璋晚年，在胡惟庸案爆發後，儘管李善長暫時未被牽連，但他是李善長一手推薦為相的。有人曾供訹李善長曾默許或知而不報胡惟庸的反情，這比較合情理。李善長眼看要善終了，結果七十多歲被殺，株連家人幾十口，這不能不說是一種悲哀。

政治主張或政論著作

李善長建立朱明王朝的功勞不亞於徐達，與徐達同為朱元璋所倚重。但朱元璋晚年，在胡惟庸案爆發後，儘管李善長暫時未被牽連，但他是李善長一手推薦為相的。有人曾供述李善長曾默許或知而不報胡惟庸的反情，這比較合情理。李善長眼看要善終了，結果七十多歲被殺，株連家人幾十口，這不能不說是一種悲哀。

38 北京保衛戰，不朽創功勳

——于謙・明

生平簡介

姓　　名　于謙。
別　　名　廷益、節庵、于少保。
出 生 地　杭州錢塘（今浙江杭州）。
生 卒 年　公元一三九八至一四五七。
身　　份　少保。
主要成就　北京保衛戰。

名家推介

于謙（公元 1398-1457），字廷益，號節庵，浙江錢塘（今浙江杭州）人。官至少保，世稱於少保，漢族，民族英雄，明代政治家。追贈光祿大夫、太傅，謚號「忠肅」。

于謙在永樂年間中進士，歷任監察御史、巡撫御史、兵部右侍郎兼都御使、兵部左侍郎等職。于謙一生清正廉潔、高風亮節，在國難當頭之際，整軍備武，安邦定國，是明朝的一代名臣。

名家故事

公元一四一二年，十五歲的于謙中秀才，公元一四二〇年參加杭州「鄉試」，考中第六名，次年會試考中進士，被任命為山西道監察御史。公元一四二六年，漢王朱高煦發動叛亂，他隨明宣宗御駕親征。公元一四二七年，于謙巡查江西，他公正廉明，執法不阿，即使是藩王官屬，犯了罪也不寬恕。他審理平反冤獄數百件，後升為兵部右侍郎兼都察御史。

同年，明朝開始設立「巡撫」，三十三歲的于謙被任命為首批巡撫，巡撫河南、山西長達十九年。在任期間，他深入民間，察訪百姓疾苦，懲治貪官污吏，興修水利，改良農業生產，造福百姓，修治河堤以防水患，招撫山東、陝西難民，予以安置，屢次上疏赦免發生災害地方的錢糧賦稅。被兩省百姓呼為「于青天」。

公元一四三六年，明英宗朱祁鎮繼位，英宗年少貪玩，宦官侍從投其所好，並逐漸得到恩寵。正統七年以後，軍國大權漸漸被宦官王振把持，形成宦官專權的黑暗局面，朝中上下貪污成風，地方官員進京辦事，必須先賄賂上司，但是于謙從不送禮。公元一四四一年，于謙遭王振等迫害下獄，山西、河南兩省百姓上書求情，加上幾位藩王說情，王振只好放了于謙，官復原職。

公元一四四九年七月，瓦剌大軍分四路大舉南下，很快佔領明朝宣府、大同等地，明英宗在王振挾持下親征，由郕王朱祁鈺（英宗之弟）監國，留下于謙主持兵部的工作。八月十五日，明軍在土木堡大敗，明朝五十萬大軍全軍覆沒，英宗被俘，消息傳來，舉國震動。為了安定人心，皇太后宣佈由郕王朱祁鈺監國，同時召集大臣，商量對策。大臣們七嘴八舌，多數大臣主張南遷避難，于謙堅決反對，並對皇太后和郕王說：「誰主張逃跑，應該砍頭，京城是國家的根本，如果朝廷一撤出，大勢就完了，大家難道忘掉了南宋的教訓嗎？」他的意見得到許多大臣的支援，於是太后決定立郕王為景帝，明英宗改稱太上皇。于謙升為兵部尚書，統帥全軍，負責指揮軍民守城。于謙針對瓦剌利用英宗作為人質以要脅明朝的陰謀，提出「社稷為重君為輕」的口號，使瓦剌的陰謀不能得逞。

十月，瓦剌軍打到北京城下，在西直門外紮下營寨，于謙召集將領商量對策。大將石亨主張閉門堅守，等到敵人糧草接濟困難，自會退兵，于謙則主張主動出擊。他分派將領帶兵出城，在京城九門外擺開陣勢，親自率領一支人馬駐守在德勝門外，還命令城裏的守將把城門全部關閉起來，表示要破釜沉舟、決一死戰，並且下令，將領上陣丟了隊伍、帶頭後退的斬首；兵士不聽將領指揮、臨陣脫逃的由後隊將士督斬。於是全軍上下士氣振奮，鬥志昂揚，同仇敵愾，決心跟瓦剌軍決戰到底。這時，各地勤王的明軍也陸續到達北京，城外的明軍增加到二十二萬人。

在內外夾擊的形勢下，瓦剌大軍戰敗被迫退兵，于謙以功高受封少保，負責各項軍務，於是增兵守衛真定、保定、涿州、易州等地，並派大將鎮守山西關隘，嚴防瓦剌軍隊再次南下，瓦剌看到明朝軍力日漸強大，在軍事上打敗明朝已不可能，同時，瓦剌內部矛盾也日漸尖銳，於是罷兵送回朱祁鎮，隨即派使者與明朝講和。同年八月，瓦剌將朱祁鎮送回。大臣王直等商議派使者前往迎接，景帝不高興地說：「朕本來不想登大位，當時是被推上來的。」于謙從容地說：「帝位已經定了，不會再有更改，只是從情理上應該趕快把他接回來罷了。萬一他真有什麼陰謀，我就有話說了。」皇帝看看他便改變了面色說：「聽你的、聽你的。」先後派遣了李實、楊善前往，終於把上皇朱祁鎮接了回來。

公元一四五〇年八月十五日，明英宗回到北京，明朝與瓦剌化干戈為玉帛，互相通好，雙方貿易不絕。

于謙高瞻遠矚，知道和平局面斷難長久，於是上表章制定安邊三策，建議改革軍制，並首創團營建制，挑選精兵，分營集中操練，各以都督統率，從此兵將相識，號令統一，軍勢日盛。在政務上，他的奏章很合時宜，令人歎服，處理公事，號令嚴明，百官都很折服，可謂功高名盛。但是他十分儉約，作為國家棟樑之臣，所居住的房子卻十分簡陋，景帝感念他的勞苦，曾賜給他一所宅第。

公元一四五七年，景帝突然患病，臥床不起。英宗趁機在宦官曹吉祥、大將石亨等人的幫助下復辟，重奪帝位，改年號為天順。英宗被放回來後，始終對于謙不顧他的生死拒絕議和並擁立景帝之事耿耿於懷，正月二十三日，以「謀逆罪」逮捕于謙，不久將他處死，年僅六十歲。

專家品析

于謙一生，憂國憂民，深受百姓愛戴。著名的〈石灰吟〉一詩：「千錘萬擊出深山，烈火焚燒若等閒。粉身碎骨全不怕，要留青白在人間。」正是于謙一生的寫照，作為封建社會的士大夫能清正廉潔、疾惡如仇，實在難能可貴。

「成由勤儉敗由奢」，清貧作為一種道德情操永遠不會過時，記住于謙，兩袖清風、廉潔從政，人們會千古傳頌！莫忘清白，貪墨成風、徇私枉法，會受到萬世唾罵！

政治主張或政論著作

于謙在政治活動中，比較注意農民疾苦，主張改良的政治。「輕稅養民」是于謙一貫的主張。他是一位完美主義者和理想主義者，他有忠誠無私的人格與濟世為民的抱負。他的〈石灰吟〉：「千錘萬鑿出深山，烈火焚燒若等閒。粉身碎骨全不怕，要留清白在人間。」正是他一生的寫照。

39 四朝大明相，文德武功褒

——楊一清・明

生平簡介

姓　　名　楊一清。

別　　號　石淙。

生 卒 年　公元一四五四至一五三〇。

身　　份　政治家、詩人。

主要成就　經成化、弘治、正德、嘉靖四朝，為官五十餘年，官至內閣首輔。

名家推介

楊一清（公元 1454-1530），字應寧，號邃庵，別號石淙，漢族，祖籍安寧（今雲南安寧縣），出生在一個小官僚家庭。

他於明成化八年考中進士。曾任陝西按察副使兼督學。弘治十五年，以南京太常寺卿都察院左副都御史的頭銜出任陝西馬政。後又三任三邊總制。歷經大明成化、弘治、正德、嘉靖四朝，為官五十餘年，官至內閣首輔，號稱「出將入相，文德武功」，才華堪與唐代名相姚崇媲美。

名家故事

明弘治十五年，楊一清在劉大夏推薦下，就任都察院左副都御史，負責陝西馬政。西北地方產馬，當地的少數民族以馬來交換中原地區的茶葉，這就是「茶馬貿易」。茶馬貿易在唐朝的時候就有了，當時回鶻人趕著大批的名馬入朝，換回中原的茶葉。宋代設置專門機構來管理茶馬貿易。等到了明代，明太祖制定了嚴密的制度，下令用四川的茶交換西北的馬，以供給軍隊；另一方面，也可通過茶葉的供給來控制西北的少數民族。但到了明代中後期，有些人為了謀利，攜帶私茶與西北人交易，而西北人有了茶的來源，也就不常趕馬來，馬政漸漸廢弛，軍馬供應不足，軍隊的戰鬥力也失去了保證。楊一清就任後，駐紮於平涼、固原等地。他接管的是一個爛攤子，牧馬的草場只有六萬六千多頃，養馬軍人只有七百多名，馬也只有二千多匹。楊一清深知軍馬對於軍隊作戰的重要性，為軍隊提供馬匹就該像交田賦一樣，恢復明初設立的金牌制必不可少。於是他施行了五項重要措施，即恢復金牌制度、設立巡檢的官員、嚴禁私販馬匹、平均茶園的收入、大力增加茶葉生產數量。這些舉措使茶馬貿易的介入者上到巡茶御史、下到黎民百姓的權利和義務都更加合理，通過改革弊政，各個環節都向著良性迴圈的方向發展。此外，楊一清又提出要增馬種、增加牧馬軍人。四年後，茶葉已集中於官府，積累茶葉二十萬公斤，茶葉的運輸通過招商進行，不必動用民夫；西北的馬大批趕來。在楊一清的整頓下，川陝茶馬貿易迎來了黃金時期。

明武宗繼位後，韃靼數萬騎兵侵擾邊境，楊一清智設疑兵嚇退敵兵。後來他又受命總制延綏、寧夏、甘肅三鎮軍務，並升任為右都御使。楊一清經常潛心研究邊境各民族的思想動態，平常就留心邊防，在陝西數年，對邊防事務早已成竹在胸。他根據三邊地勢險要、易守難攻等特點，修築城牆，鞏固邊防；增設衛所，訓練兵丁；安定內部，防敵入侵。這些措施實行後，邊民的生活環境有了很大改善。

明代曾有好幾個官吏把持過朝政，劉瑾就是其中之一。明武宗繼位後，劉瑾得到寵幸。他利用武宗好玩好樂的特點，每天都獻給皇帝新奇的玩意兒，使武宗荒廢了朝政，他趁機掌握了軍機大權。劉瑾得勢後，加緊培植羽翼。他假傳聖旨，讓自己的私黨劉宇、曹元等入內閣，把持了內閣大權，這樣宦官就干預了地方的民政事務。劉瑾獨攬了大權之後，加緊排除異己。楊一清在修築邊牆的時候就曾遭他陷害，並被加以貪污邊費的罪名送入了大牢，後來在李東陽等的營救下才得以獲釋。

這件事過後，楊一清決定剷除劉瑾。他留心觀察，發現宦官張永與劉瑾有矛盾。於是他有意接近張永，這時，安化王朱寘造反，楊一清受命前往平定叛亂，張永擔任監軍。楊一清對張永說：「朱寘不難平定，只是內變不可測，令人憂慮。」張永問內變是什麼，楊一清在張永手上寫了一個「瑾」字。張永為難地說：「劉瑾勢力大，耳目眾多。」楊一清說：「你也是皇上信賴的人，你可趁向皇上報捷的機會，揭露劉瑾的種種惡行，並說天下人怨恨劉瑾已久，再不剷除恐怕會生不測，皇上一定會聽從你的話誅殺劉瑾，劉瑾一除，你就會更加受到重用，且留名後世。」張永聽完楊一清的剖析，終於決心依計行事，誅殺了劉瑾。楊一清也因此就任吏部尚書。加太子少保，賜金帶。正德十年，他被召入內閣，授吏部尚書兼武英殿大學士，成為宰相。次年八月，因受佞臣強尼的誣告，辭官回鄉。

明世宗早在是皇子的時候，就聞知楊一清與李東陽、劉大夏為楚地三傑。他繼位後，朝臣又紛紛推薦楊一清，因此，世宗十分重用楊一清。於是，嘉靖六年晉升楊一清為左柱國華蓋殿大學士，並接替離任的費宏成為首輔。但時值張璁和桂萼弄權之際，楊一清遭到奸臣多方排擠。嘉靖八年，他又一次辭去宰相職位。明世宗嘉靖九年發背疽而卒。在給明世宗的遺疏中，表示他是受誣陷而死的，死不瞑目。楊一清無子，死後世宗恢復了他的官職，贈與太保，賜諡號文襄。

專家品析

楊一清一生雖然位高權重，但他的宦途並不是一帆風順的。他曾三次退休，五十五歲被誣入獄，七十七歲高齡時又再次受誣，被革職查辦，真是三起三落，歷盡了宦海風波。另外，他平時十分留意國計民生，因為久治邊境，親眼目睹百姓的種種苦難。所有這些，都體現了他為政忠君憂民的主體思想。

楊一清的詩內容豐富，視覺獨特，感情真摯，主要學唐詩，卻又有自己的特點。在明代詩壇上，楊一清與李東陽是並駕齊驅、鼎足而立的雙雄。

政治主張或政論著作

「四朝元老，三邊總戎，出將入相，文德武功」，高度概括了楊一清的一生。他一生為官親眼目睹百姓的種種苦難，所以在政治行為上他始終以忠君憂民的主體思想作為為官的宗旨。他治國謀略曾被比為唐朝名相姚崇，保衛邊疆曾被比為唐朝元帥郭子儀。

40 攝夷蠻騷亂，鋤當路芝蘭

——張居正・明

生平簡介

姓　　名　張居正。
別　　名　張白圭。
出 生 地　江陵。
生 卒 年　公元一五二五至一五八二。
身　　份　政治家、教育家。
主要成就　攝夷蠻騷亂，鋤當路芝蘭。著有《張太岳集》、《書經直解》等。

名家推介

張居正（1525-1582），字叔大，號太岳，漢族，湖廣江陵（今屬湖北）人，謚號「文忠」。明代政治家、改革家。中國歷史上優秀的內閣宰相之一，明朝文臣，他輔佐皇帝治理國家成效顯著，一生具有重大的歷史功績。

名家故事

嘉靖四十一年，嚴嵩倒臺後，徐階和高拱都是十分能幹的宰相，他們為鞏固明王朝的統治做了不少具體和局部的努力，然而終因缺乏高瞻遠矚的戰略眼光和改革弊政的才幹與氣魄，收穫甚微。到張居正繼任宰相時，明王朝仍然是危機重重。他清醒地認識到：小修小補已無法挽救明王朝的覆亡，只有大刀闊斧地進行全面改革，才能使國家真正走出困境。

作為具有雄才大略的政治家，張居正對明王朝所面臨的問題是有深刻認識的。他認為當時國力匱乏和盜賊橫行都是由於吏治不清造成的，官吏貪污，地主兼併土地，加上皇帝的窮奢極欲，百姓饑寒交迫才落草為寇。他客觀地分析當時的社會矛盾，正確地把握問題的實質和關鍵，是張居正改革能夠順應歷史的潮流，並受到廣泛歡迎的根本原因。

張居正決定從整頓吏治開始改革，以六科控制六部，再以內閣控制六科，對於要辦的事，從內閣到六科，從六科到衙門，層層考試，做到心中有數，改變了以往辦事拖拉的毛病，提高了各級部門的辦事效率，而且明確責任，賞罰分明，從而使政令暢通。

他通過加強對官吏的考核，裁減大批官吏，節省了朝廷的俸祿開支，同時，還要求封建社會的最高統治者皇帝勒緊褲帶，和大家一道過緊日子。他不僅多次向神宗提出「節用愛民」、「以保國本」，而且在皇室的奢侈性花費上，嚴格把關，寸步不讓。對於自己的用度，張居正也是力戒奢華。作為一名傑出的理財家，張居正深知只顧節流尚不足以解決問題，而要徹底改善國家財政狀況，還需要進一步開闢財源，增加收入。全國大部分地區根據戶部頒佈的〈清丈條例〉對田地進行了認真的清丈，由於大部分州縣清丈徹底，額田大有增加；他更清楚，僅靠清丈田畝還遠遠不能徹底改變賦役不均和官吏的盤剝問題，不進一步改革賦稅制度就無法保證中央財政收入的穩定增長，將會有更多的貧民傾家蕩產，不利於社會的安定。賦役改革是一個十分棘手的事情，一旦過多觸犯官宦土豪的利益，就會引起強烈的反對，使自己的所有心血前功盡棄。

萬曆九年，他下令在全國範圍內實行「一條鞭法」，改變了當時極端混亂、嚴重不均的賦役制度，減輕了農民的不合理賦役負擔，限制了官吏的舞弊行為，特別是取消了苛重的勞動力差異，使農民有較多時間從事農業生產。

張居正的理財並不限於一味地為朝廷謀利，也十分重視人民的實際生活，他通過多種管道設法減輕百姓的負擔，有時還直接提出減免人民的稅賦。萬曆十年，隨著清丈田畝工作的完成和「一條鞭法」的推行，明朝的財政狀況有了進一步好轉。另外，他還反對傳統的「重農輕商」觀念，認為應該農商並重，這些做法順應了歷史的發展潮流，在一定程度上減輕了百姓的負擔，緩和了一觸即發的階級矛盾，對歷史的發展起了積極的推動作用。

張居正為國事夜以繼日地奔忙，連十九年未得見面的老父去世都沒有到場。按照祖制，朝廷官員的父母過世，必須回到祖籍守孝二十七個月後可以回朝為官。張居正因改革才剛剛進入佳境，若此時離去，改革將無人管理或移交他人，無奈之下，張居正做出了唯一的選擇——不回家去守孝。

萬曆十年六月二十日，張居正病逝，死後，神宗為之輟朝，贈上柱國，諡「文忠」。他帶著平生的抱負埋入了江陵的墓地。

張居正一切的改革著力於地主階級的長遠利益，因而不得不在某些方面損害一些官僚、大地主的利益。他死後，有些人就開始了肆意的報復和攻擊，神宗皇帝也早已耿耿於懷張居正的震主之威。因為張居正當宰相十年，所攬之權，也是神宗的大權，這雖是張居正治理國家的需要，但他的當權畢竟是神宗的失權了，在權力上，張居正和神宗成為對立面，他的效忠國事、獨握大權，在神宗的心裏便是一種蔑視主上的表現，這是帝王的邏輯。不久，言官把矛頭指向張居正，神宗於是下令抄家，剝奪了生前所賜給張居正的璽書、四代誥命，以罪狀昭示天下，家屬餓死的餓死，流放的流放，一代能相之家落得如此可悲的下場。

專家品析

明王朝經過兩百多年的風風雨雨，到了嘉靖年間已是百病叢生、危機四伏，在這樣的時代背景下，平民出身的內閣首輔張居正被推上了歷史的前臺，以他非凡的魄力和智慧，整頓朝綱，鞏固國防，推行「一條鞭法」，使奄奄一息的明王朝重新獲得生機。

張居正推行的改革在一定程度上緩解了國內的階級矛盾和民族矛盾，為明王朝延續了幾十年的壽命；他的經濟改革增加了明王朝的收入，在軍事上鞏固了北部邊疆；政治上整頓吏治，要求官員安民、勸農，使得百姓能夠較為安心地從事農業生產。

政治主張或政論著作

政治上，主張「尊主權，課吏職，信賞罰，一號令為主」。中心是解決官僚爭權奪勢、怠忽職守的腐敗之風。他認為當時朝野泄沓成風，政以賄成，民不聊生，主要原因是「吏治不清」。他以「課吏職」即加強官吏考核為手段，「斥諸不職」、「省冗官」，淘汰並懲治了一批官員。在執行上，他「信賞罰」、「持法嚴」使賞罰有準，不姑息。

41 敢蔑視權貴，不諂媚逢迎

——海瑞．明

生平簡介

姓　　名	海瑞。
別　　名	汝賢、剛峰、海青天、海筆架。
出 生 地	廣東瓊山（今屬海南）。
生 卒 年	公元一五一五至一五八七。
身　　份	南京右都御史。
主要成就	一生清廉，剛正不阿，是中國歷史上清官的典範、正義的象徵。

名家推介

海瑞（1515-1587），回族，廣東瓊山（今屬海南）人。明代著名政治家、著名清官。歷任知縣、州判官、戶部尚書、兵部尚書、尚書丞、右僉都御史等職。他為政清廉，潔身自愛。為人正直剛毅，敢於蔑視權貴，從不諂媚逢迎。

海瑞一生清貧，抑制豪強，安撫窮困百姓，打擊奸臣污吏，因而深得民眾愛戴。他的生平事蹟在民間廣泛流傳，經演義加工後，成為許多戲曲節目的重要內容。後人稱其為「海青天」，與宋代包拯齊名。

名家故事

公元一五四九年，海瑞進京參加殿試，他向主考官呈上一篇「平黎策」，陳述海南黎族人居多，他主張國家對各民族應一律平等互利，在海南特別是不能以武力手段來鎮壓黎族，提出在海南應設置縣一級的管理，用鄉土人情的辦法來管理海南，以平等的方法來領導海南各少數民族發展生產力、繁榮經濟，團結少數民族共同維護國家統一，反對外國入侵。當時，同科參加殿試的學子為之瞠目結舌，皇帝看到他的考卷，十分滿意，便欽點他為進士第一名。

海瑞中舉後，首次被授任為福建主管教育的官員，剛上任，就告誡學生不准向教師送禮，逢年過節也不准向老師送酒菜，所有舊俗套一律免除。一五五八年，海瑞被調任為浙江淳安知縣，他一如既往，生活簡樸，穿布衣、吃粗糧，與家人一起種菜自給自足。母親過生日，全家人團聚在一起只買了兩斤肉，總督胡宗憲聽說後啞然失笑說：「聽說海大人為母親祝壽只買兩斤肉！」不久胡宗憲的兒子因事路過淳安，因為覺得驛站招待不周，便把驛吏倒掛起來暴打，海瑞得知後大怒，立即把他捉拿歸案，並把他沿途敲詐勒索的金銀財富全部收歸入庫，同時寫信給胡宗憲說：「有一狂徒在淳安縣自稱胡公子，沿途仗勢欺侮百姓，勒索錢財，我想胡大人德高望重、家教很嚴，這個人一定不是您的兒子，這一定是假冒的賤民，為了避免他繼續敗壞總督大人的聲譽，已經沒收了他敲詐勒索的錢財入庫，被驅逐出境，想必大人聽說此事定會高興吧。」胡宗憲得信後怒不可遏、暴跳如雷，想到此事肯定是自己的兒子所為，但又無計可施，只得忍氣吞聲。都御史鄢懋卿出任兩淮鹽政，他是嚴嵩的親信，所經路段的官吏無不趨炎附勢，他的小妾，坐著八人抬的轎子要經過淳安，鄢大人寫信給海瑞，要海大人好好招待，海瑞得知立即回信說：「淳安是個小地方，不足以容車馬、轎子，鄢夫人的轎子只得繞道而行了。」後來海瑞調任嘉興通判，鄢懋卿從中誣陷，海瑞被降為江西興國判官。

一五六四年，由於海瑞在興國政績卓著，被調進京城任戶部主事。他在地方任官期間，知道各地苛捐雜稅太多，人民負擔過重，各地貪官污吏橫行霸道，進京後又聽說嘉靖皇帝執掌朝綱四十多年，不理朝政，深居西苑，專求長生不老之術。奸相嚴嵩父子，專橫跋扈、結黨營私、貪贓枉法、任人唯親，嚴嵩的奸黨滿朝，沒有人敢言朝政，海瑞出於愛國愛民之心，以必死的決心，給皇帝上疏，上疏前他在家中備好棺材，與夫人、老僕、侍從飲酒作別，夫人跪求痛哭勸說，他執意不聽，此次上疏後人稱為「治安疏」。嘉靖皇帝看了這道奏疏，勃然大怒，將奏疏扔在地上，對左右說：「將他重打二十大板，叫他回去。」有人說：「此人素有癡心，聽說他上疏時，自知觸犯皇上當死，便自備一棺材，與家人、童僕飲酒作別，囑咐家人，上疏時觸犯皇上當死時，把他收斂入棺。」皇帝聽後，不禁啞然，便拾起奏疏再看一次，覺得有道理，將海瑞暫時收監，對左右說：「此人好像比干，朕並非殷紂王呀！」兩個月後海瑞獲釋。

海瑞出獄後，官復原職，一五六九年，他以右都御史的身份巡查江蘇南京十府。江南是魚米之鄉，富庶之地，但當時農村土地被大地主、豪紳、官商、貪官污吏大部分佔據著，大量的農民流離失所，逃荒要飯，淪為奴隸。海瑞上任後，嚴懲強佔農民土地的豪紳、官商、貪官污吏，將強佔的土地歸還給農民，官商、豪紳害怕海瑞的威力，紛紛自動退出強佔的土地，農民回鄉，農業生產得以復蘇。這是海瑞上任後為江南百姓辦的第一件好事。此後，他在江南興修水利，疏通吳淞江，整治江南所有河道，減少了農田水旱等自然災害的發生。

豪紳、貪官污吏受到嚴懲後，紛紛向皇帝告狀，誣陷海瑞侮辱鄉紳、縱容刁民作惡。因朝中奸臣當道，皇帝聽不到真話，便將海瑞貶為南京糧食官，不久海瑞稱病告退，南京百姓跪拜排隊相送，海瑞回到海南耕種祖宗留下的十多畝土地，平安過著清貧的生活，史稱「海瑞罷官」。

一五八五年，海瑞七十一歲，被重新啟用為南京左都御史，兩年後又調任為吏部右侍郎，這時他已年老體弱，所任職務又無實權，在任時只能是自己盡心盡職，為革除一切政治弊端而努力。

一五八七年，他在南京左都御史任上病逝，享年七十三歲。南京百姓聽說海大人去世，商店關門，家家痛哭流涕，出喪當天，來送葬的人萬人穿巷，長江兩岸祭祀的人排成長龍，靈柩歸故里，跪拜者人山人海。

專家品析

海瑞為官一生，正氣沖天，性情剛直，真正做到了「為官一任、造福一方」，為人民辦了大量的好事善事。他自己說：「本人一生為官、做事順應萬物之理，以國家為上，以百姓為重，這是自己的神聖職責。」他看到明代在逐漸衰弱，他說：「現在醫治國家的方法只有嚴懲貪官污吏，為人處世只有二字『忠誠』。」他為了行正道，不惜丟官、不怕殺頭、不怕坐牢，勇往直前、義無反顧、肝腦塗地、在所不惜。

明代著名的思想家李贄對海瑞的評價：「先生如萬年青草，可以傲霜雪而不可充棟樑」，可謂入骨三分。

政治主張或政論著作

海瑞一生為官、做事順應萬物之理，以國家為上，以百姓為重，以此作為他自己的神聖職責。他在政治主張上，提出了要想天下清明安定，一定要實行井田，不得已而為限田，又不得已而實行均稅。

42 民族英雄志，不屈而死臣

——史可法．明

生平簡介

姓　　名	史可法。
字	憲之。
出 生 地	河南開封。
生 卒 年	公元一六〇一至一六四五。
身　　份	政治家、軍事家。
主要成就	揚州十日保衛戰。

名家推介

史可法（公元 1601-1645），字憲之，又字道鄰，漢族，祥符（今河南開封）人，祖籍順天府大興縣（今屬北京）。明末政治家、軍事家。

他是南明南京兵部尚書東閣大學士，因抗清被俘，不屈而死。南明朝廷謚之忠靖。清高宗追謚忠正。後人收錄他的著作，編為《史忠正公集》。

名家故事

明崇禎元年，二十七歲的史可法中了進士，被授任陝西西安府推官，此後歷任右參議、右僉都御史、風廬道等官職。這中間由於受封建統治階級思想立場的支配，鎮壓過農民起義。但史可法為官清廉，忠於職守，勤政愛民，關心人民疾苦，確實做過不少有益於國家和百姓的善舉。

崇禎十一年、十二年，六安發生蝗災瘟疫，糧價飛漲。史可法下令平定米價，設粥廠九處，賑濟災民，並上表朝廷，請求免去田賦。因此，史可法在六安為官期間，婦孺皆知。崇禎十二年，清兵乘虛入關南下，他親督二千官兵馳援京城。崇禎十四年，清兵又犯，史可法駐兵黃河邊，嚴陣以待，迫使清兵退去，顯示出了盡忠職守並具有非凡的軍事才能。

崇禎十六年，史可法升為南京兵部尚書，處理南京各方軍事事宜。他見南京文武鬆懈，軍營空額很多，於是上疏提出選練南兵等策略，崇禎帝很贊許，命他整治軍營事務。這不免觸犯吃空額的將校的利益，招致怨憤，為此而得罪了不少人。

次年，明末農民起義軍在李自成率領下攻克北京，明思宗崇禎皇帝走投無路，三月十九日在北京煤山（今景山公園內）上弔而死。四月初，史可法才聽到噩訊，痛徹肺腑，立即會同南京戶部尚書高弘圖、兵部侍郎呂大器、翰林詹事姜曰廣等人，「誓告天地，馳檄勤王」。清兵在吳三桂引領之下，打著明朝「除暴安民，替明君雪恥」的幌子，在擊敗李自成以後，便向明朝屬地長驅直入，形勢急轉直下。史可法也由「聯清滅寇」的主張，改變為「禦敵滅寇」，毅然走上了抗清復明的道路。

當時崇禎皇帝的太子和永、定二王下落不明，生死未卜，惠王、桂王、福王、潞王等各路王侯，出現了「立賢」、「立親」之爭。姜曰廣起初同意立福王朱由崧，因為他是神宗的孫子、光宗的侄子、思宗崇禎的哥哥。史可法等主張立潞王朱常方，他是神宗的侄子，他認為福王「不孝、不讀書、貪、淫、酗酒」，有「七不可立」。後來，擁有重兵的鳳陽總督馬士英見風使舵，暗中派人把福王接到鳳陽馬士英處，同時拉攏黃得功、高傑、劉澤清、劉良佐等，堅持冊立福王為皇帝。史可法對馬士英的行為很是不滿，寫信予以斥責，但馬士英以武力威逼群臣擁立福王。並且他以「擁戴福王」之功入閣以後，一面培植私黨，重用閹黨餘孽阮大鋮等人，一面拼命排擠史可法、高弘圖、姜曰廣眾大臣。

南明朝昏君奸臣們沉醉聲色，排斥異己，面對清兵南下，各地守軍或望風而逃，或爭先投降，局勢岌岌可危。史可法時刻以抗強虜收復國土為己任，雖被朝廷排擠，喪失兵部尚書實權，但是，收復國土的思想始終不改。

崇禎十七年五月十五日，福王繼皇帝位的第二天，史可法無奈之下，請求到揚州督師，五月十八日，史可法出京，月底抵達揚州。在到處斷壁殘垣、田園盡皆荒蕪、內戰已亂的情況下，史可法帶了劉肇荃等將領，只率本部三千人馬進駐揚州。一到揚州，立即著手調解各種矛盾。先差人飛騎發文書給各地將領宣發軍令，又對督餉的萬元吉好言撫慰，情詞懇切，使揚州所轄四鎮間矛盾暫時得到緩解。史可法苦苦支撐著揚州的軍事防務，防禦範圍緊縮，揚州成了孤城一座，岌岌可危。

崇禎十七年七月，清攝政王多爾袞曾致書史可法勸降，史可法寫了著名的〈覆多爾袞書〉，表明了自己的嚴正立場。盡管如此，圍攻揚州的多鐸，仍想誘降他，妄想利用史可法在南明的威望，兵不血刃收取江南。所以先後派降將李遇春等人，多次送書招降。而史可法連看都不看降書，當眾焚毀書信，揚州軍民深受感動，雖勢簿力單，卻群情激奮，誓死守城。多鐸連日攻城不下，又因四郊農民堅壁清野，擔心孤軍深入有不測，曾想退兵。就在多鐸遲疑不前的時候，降將李棲鳳、高歧鳳將城中虛實都告訴了他。弘光元年四月二十四日，清兵以「紅衣大炮」若干轟城，城牆被轟塌，史可法則率兵民填修，終因力量懸殊，而退守舊城。多鐸佔領新城後，再次向史可法誘降：「你如果投降，保證不會屠戮城中一人。」史可法絲毫不為所動，決心以身殉國。終於在二十五日，清兵殺進揚州內城。史可法見大勢已去，欲拔刀自刎，被一參將阻止，撤退到小東門，見軍民遭清兵屠戮，於是挺身而出，大呼：「我史督師也，萬事一人當之，不累滿城百姓。」於是被捕。多鐸仍然以禮勸降，史可法大義凜然地說道：「我中國男兒，安肯苟活，城存我存，城亡我亡！頭可斷而志不可屈！」於是從容就義，年僅四十四歲。殘酷的清豫王多鐸，下令屠城十日之久，幾十萬揚州民眾被殘殺，造成揚州歷史上最大的一次慘案，也是揚州人民最為英勇而光輝的一頁。

專家品析

在歷史上，史可法被高度讚美，被視為與岳飛、文天祥一樣的愛國英雄、民族英雄。之所以如此，當然不是因他有十七年鎮壓農民起義的經歷，而是因為他堅守揚州，直至城破身亡的忠貞氣節。

清代文人張爾為史可法撰寫了一副對聯：「數點梅花亡國淚，二分明月故臣心」，讚頌史可法忠貞為國、捐軀戰場的高尚氣節。

政治主張或政論著作

史可法是重信義之人。他生活簡樸，能與部屬共甘苦。他很得軍心，如此賢德之士，的確稱得上國家興亡之際的英雄。他用奮鬥和犧牲支撐起民族精神的大廈，他在民族危難之際所表現的不屈不撓、大義凜然的民族氣節，正是民族精神的最高體現。

43 功高蓋世臣，急流勇退君

——范文程・清

生平簡介

姓　　名　范文程。

字　　　　憲斗。

出 生 地　遼東瀋陽衛（今遼寧瀋陽）。

生 卒 年　公元一五九七至一六六六。

身　　份　政治家。

主要成就　范文程一生經歷大清四世而輔佐三位皇帝，為大清開創江山立下了不朽之功。

名家推介

范文程（公元 1597-1666），字憲斗，號輝岳，遼東瀋陽衛（今遼寧瀋陽）人。隸屬漢軍鑲黃旗。

他一生經歷了努爾哈赤和皇太極的開創時期，又經歷了順治和康熙兩個朝代，為官四十多年，是清朝最著名的開國功臣，對清朝的建立與鞏固起了重要作用，是清代初年卓越的政治家。

名家故事

一六一八年，努爾哈赤攻陷撫順，范文程自願投效，參加了後金政權。慧眼識才的皇太極對這個年輕漢官的才學和謀略倍加讚賞，很快把范文程招到自己身邊，讓他參與軍國大政。二人惺惺相惜，堪稱知音。

皇帝與臣子的情誼，通常不具有世俗友誼中因相互關懷而產生的永久性。然而皇太極與范文程，卻似乎是個特例。他們君臣之間真摯的情感、默契的配合，讓人感歎。

皇太極繼位後，面臨君權與滿洲貴族利益水火不容的處境。范文程毫不猶豫，立場堅定地站到皇太極的陣營中，成為御用智囊團主要成員之一，從而深得皇太極信任和依賴。

范文程不僅忠誠，而且也相當有謀略。皇太極執政時期制定的許多策略，不能說都是范文程一個人的智慧，但至少，他給皇太極出了不少好主意。

寧遠大戰後，明朝派袁崇煥督師遼東，蒙古又背叛了與後金的盟約，後金面臨著極大的困境。此時袁崇煥整頓軍備需要時間，提出議和。范文程建議皇太極將計就計，提出以議和對議和的策略，以爭取喘息的機會，並提出了征撫蒙古、恩撫朝鮮、招撫明將的策略，有力地扭轉了後金當時的不利局勢。

皇太極執政之初權力不穩，范文程又針對四大貝勒共同治國所造成的權力分散的弊端提出具體解決方案，建立適應皇帝權力的政體制度，以便大權集中，政令暢通。

在大明袁崇煥做好充分準備即將攻打後金之時，范文程又向皇太極提出借道蒙古，繞過錦州寧遠攻打北京，使袁崇煥被動地回師北京，造成袁崇煥引八旗軍入關的假象，終於招致殺身大禍。

公元一六三五年，蒙古林丹汗妻子來降，帶來傳國玉璽，後金建國一事提上日程。范文程審時度勢，提出「侵擾、等待、建號、建制」的方針。大淩河戰役勝利後，大批明將來投降，明朝的遼東防禦土崩瓦解。恰逢此時，范文程進言皇太極稱帝。范文程雖為漢人，但皇太極對他的使用，做到了「用人不疑」，對他一律以「范章京」相稱，不僅對「范章京」言聽計從，而且每逢大臣議事，若范文程不在場，皇太極必定先問：「范章京知道我們在議事嗎？」

每當群臣意見不一的時候，皇太極就說：「怎麼不和范章京商議一下？」只有當眾臣下說：「范文程已經同意。」皇太極才最後批准。有時，如果范文程生病沒上朝，皇太極甚至會將一些事情延後，等他病好後再作裁決。後來，凡是范文程起草的檔，他不再過目就加以批准，他說：「我相信范章京不會出錯。」就此，范文程成了真正的大章京。

君臣二人私下的關係也極為親密。皇太極經常將范文程召入宮中議事，二人經常一坐就是幾個時辰。有時，范文程深夜剛剛離開皇宮回家躺下，皇太極又派人來請范章京進宮議事。

皇太極還經常讓范文程陪同進膳。有一次面對美味佳餚，范文程想到家中的老父親還沒有嘗到過，遲遲沒下筷子，皇太極立刻明白了他的心意，立即派人把這桌美味佳餚原封不動地送給了他的父親。

崇德二年農曆七月，皇太極賜予范文程一等大臣的品級，此時的他儼然穩居清政權漢族文臣第一人的位置之上。

崇德八年八月初九，皇太極突然離世，形勢對於范文程急轉直下險惡萬分。福臨繼位以後，攝政王多爾袞的親弟弟豫郡王多鐸色膽包天，竟然要搶奪范文程的老婆，經過一番周折，才得到解決，通過諸王貝勒的調查審實後，決定罰多鐸一千兩銀子了斷。范文程雖化險為夷，但仍憂心忡忡，多鐸日後會容下自己嗎？萬一追念前怨，恐怕難免要有滅門之災了。

儘管身遭故主已死、愛妻險被欺淩的雙重危難，范文程仍以大局為重，在清朝入主中原這一緊急關頭，獻計獻策，立下了大功。他是滿清開國功臣，功蓋一時，然而，他又是一個聰明絕頂的人。

他知道自己是漢人，相對大清皇室貴族而言，畢竟出身卑微，一個奴才而已。因此，處處小心謹慎，避免「功高震主」，以求「安身避禍」。他既要運用謀略對付敵人，取得政治軍事外交鬥爭的勝利，又要謹防禍起蕭牆、巧妙擺脫內部的傾軋。他的一生，憑藉智慧，應付自如，多次化險為夷，終使自己的地位安如磐石。

范文程為人謙恭自知，從不居功自傲。這一點，在大清權力更迭的殘酷政治鬥爭中，表現得尤為突出。他信守一條基本原則，始終保持謀臣的地位，從不參與權力之爭。但是，他是皇太極的最重要謀臣，難免招致攝政王多爾袞的諸多猜忌，順治五年，攝政王多爾袞大權獨攬，曾命范文程等人刪改《太祖實錄》，范文程深知此事關係重大，一旦政局有變，恐有殺頭之禍，於是以養病為由，閉門不出。果然，多爾袞死後即被問罪，他的機智謹慎，終使自己安然無恙。

順治十一年八月，順治帝福臨加封范文程為少保兼太子太保。而這時，范文程卻急流勇退了。他上疏稱謝的同時，又以體弱多病為由請求退休。從此不問政事世事，一心一意安度晚年。

公元一六六六年八月庚戌，自稱「大明骨大清肉」的一代謀臣范文程去世，享年七十歲。康熙皇帝「親為文」，賜葬於北京懷柔縣的紅螺山，立碑記錄他的功績。此後，康熙還親筆題寫「元輔高風」作為范氏祠堂的橫額，對范文程的評價之高，可見一斑。

專家品析

范文程在輔助大清君王時大膽地提出：治理天下首先在於會用人，他針對清朝重滿輕漢、任人唯親、大搞宗派的弊政，提出選拔培養人才，博得了順治皇帝的贊許。范文程一生歷經清代四世而輔佐三位皇帝，為大清開創江山立下了不朽之功，對大清的功績可與漢代張良、明代劉伯溫相提並論。

歷史學界有思想觀點認為：范文程對滿清功勞卓著，卻對中華文化和明王朝犯下了不可饒恕的罪行。還有些人，認為滿族在當時作為外來入侵民族，而范文程因為自身不得重用，為了個人功利而背叛了自己的國家和民族，不注重民族大義，因此在當時以及被後世人質疑而褒貶不一。

政治主張或政論著作

「不論滿漢新舊，不拘資格，不避恩怨，取真正有才幹之人」，是他一生所遵循的政治主張。他對整個大清國家制度的建設起到了不可磨滅的作用，對清朝的建立與鞏固功不可沒。

44 多才多藝傳，四庫全書撰

——劉墉．清

生平簡介

姓　　名	劉墉。
字	崇如。
出 生 地	山東省高密縣逄戈莊。
生 卒 年	公元一七一九至一八〇四。
身　　份	政治家。
主要成就	編輯《四庫全書》。

名家推介

劉墉（公元 1719-1804），字崇如，號石庵，山東省高密縣逄戈莊（原屬諸城）人，祖籍江蘇徐州豐縣。清代政治家、書畫家。

他是乾隆十六年進士，做過吏部尚書，官至內閣大學士，為官清廉。劉墉的傳世書法作品以行書為多。嘉慶九年十二月二十五日卒於北京，諡號「文清」。

名家故事

劉墉於清乾隆十六年中進士，一年後任散館，並授予官職做了編修，從此進入仕途，後來升遷為侍講。乾隆二十年十月，父親劉統勳當時任陝甘總督，因辦理軍務失察而被下獄，劉墉受到父親的株連被降為編修。第二年六月，被認命為廣西鄉試正考官。十月，提升為安徽學政。他任職期間，針對當時貢生、監生管理的混亂狀況，上疏並提出了切實可行的補救辦法，收到了良好的效果。

乾隆二十四年十月，他被調任江蘇學政。在任期間，他又向乾隆上書，深刻而又切中時弊的論點，深受乾隆皇帝的賞識，於乾隆二十七年，被任命為山西省太原府知府。

乾隆三十年，他升任冀寧道臺。第二年，因為任太原知府期間，對所屬陽曲縣令段成功貪侵國庫銀兩之罪失察。乾隆帝因愛其才，特加恩詔免他的罪沒給予追究。乾隆三十四年，再次被任命為江寧府知府。乾隆三十七年，提升為陝西按察使。第二年，父親劉統勳病故，回家服喪。

乾隆四十一年三月，劉墉服喪期滿回京，朝廷念劉統勳多年功績，並且了解劉墉可用，乾隆派遣他為內閣學士，任職南書房。十月開始任《四庫全書》館副編撰，並派他編寫《西域圖志》和《日下舊聞考》。第二年七月，充任江南鄉試正考官，到年底，劉墉因為督學政績顯著，升遷為戶部右侍郎，後又調吏部右侍郎。

乾隆四十五年，劉墉就任湖南巡撫。恰恰趕上湖南多處受災，哀鴻遍野，即使無災的州縣也盜案迭起，貪官污吏猖獗，百姓怨聲載道。劉墉到任後，一方面查明真相，據實彈劾貪官污吏嚴加查辦；一面稽查庫存，修築城郭，建倉儲穀，賑濟災民。僅一年時間，庫銀充實，民糧豐足，贏得了百姓的愛戴。

乾隆四十六年，皇帝升遷劉墉為都察院左都御史。次年三月，仍任職南書房；不久，又充任三通館總管。此時，御史錢灃彈劾山東巡撫國泰一案，劉墉奉旨與和珅審理山東巡撫舞弊案。到了山東，他假扮成道人步行私訪，查明山東連續三年受災，而山東巡撫為了邀功請賞，以荒年謊報豐年。徵稅時，對無力繳納者一律懲辦；並殘殺為民請命的進士、舉人九人。劉墉如實報奏朝廷，奉旨開倉賑濟百姓，捉拿國泰回京。此時皇妃已為國泰說情，有的御史也從旁附和，和珅也有意袒護國泰。劉墉以民間查訪所獲證據，歷數國泰罪行，據理力爭，終於使國泰伏法。國泰案完結後，劉墉被任命為吏部尚書，兼管國子監事務。不久授工部尚書，仍兼吏部工作。次年五月，又兼任國子監事務。六月，授任協辦大學士，並為上書房總師傅。

乾隆五十四年四月，因為上書房阿哥師傅們久不到書房，劉墉身為總師傅而不予糾正，被降職為侍郎。不久，改任內閣學士，主抓順天學政。乾隆五十六年初，改任都察院左御史，很快又被認命為禮部尚書，並再次兼管國子監事務。五月，又做吏部尚書。

嘉慶二年四月，劉墉任體仁閣大學士。五月，奉旨和尚書慶桂到山東辦案，並察看黃河決口的情況。察看黃河之後，他上書請求在秋後在決口處築壩，並在下游疏通的辦法，朝廷採納了他的意見。嘉慶四年三月，加太子少保。後奉旨辦理文華殿大學士和珅結黨營私、擅權納賄一案。劉墉不畏權勢，很快查明和珅及其黨羽橫征暴斂、搜刮民脂、貪污自肥等罪行二十餘條，並奏請朝廷。皇上處死了和珅，沒收了他的家產。

嘉慶四年底，劉墉上書陳述漕政，對漕運中的漏洞體察明細，憂國憂民之情溢於言表，嘉慶皇帝看後，深為感動。於是，認命劉墉為會典館正總裁。

劉墉不僅是政治家，更是著名的書法家，是帖學集大成者，是清代四大書法家之一（其餘三人為成親王、翁方綱、鐵保）。劉墉書法的特點是用墨厚重，體豐骨勁，渾厚敦實，別具面目。著有《石庵詩集》流傳與世。

嘉慶九年十二月，劉墉病卒於官任上，享年八十五歲。卒後贈太子太保，諡號「文清」，劉墉可算得上是無疾而終、壽終正寢、功德圓滿的大清名臣之一。

專家品析

劉墉就是家喻戶曉的「劉羅鍋」，因為他為官「忠君、愛民、清廉」，深得百姓喜愛。有關他的事蹟廣為流傳。當代的影視劇作家也很了解民眾這種渴盼清官的心理，於是，劉墉成了清代大臣中「上鏡率」最高的大臣之一（其他兩位是和珅和紀曉嵐）。在劇作家的安排下，他和大貪官和珅成了死對頭和歡喜冤家，和珅在他面前總是顯得笨手笨腳，經常弄巧成拙，想算計人卻反遭算計。

乾隆皇帝對劉羅鍋又愛又恨，可又有點無可奈何。這個人物寄託了中國老百姓太多的理想和願望，他是智慧的化身，也是正義的化身。

政治主張或政論著作

劉墉一生為官廉潔奉公，以機智貫通權謀，幽默質樸，以品行贏得人們的愛戴。是一位忠君、愛民、清廉的好官員。

45 反腐敗英雄，樹大清包公

——金光悌·清

生平簡介

姓　　名	金光悌。
字	汝恭。
出 生 地	湖北英山。
生 卒 年	？至一八一二年。
身　　份	政治家。
主要成就	主持清廷六部之一的刑部二十年，執法公正，廉潔無私。

名家推介

金光悌（？至 1812），字汝恭，號蘭畦，安徽英山（今屬湖北）人。清代著名政治家和著名宰相。乾隆三十三年舉人。乾隆四十五年中進士，由內閣中書升遷為刑部尚書。

他主持清廷六部之一的刑部二十年，執法公正，廉潔無私，「不枉無辜，不縱有罪」；曾主審和珅貪污大案，後世稱他為反腐敗的鬥士。

名家故事

金光悌生於乾隆年間，呱呱落地的那一刻，他父親金序埏望見悠悠碧空，人們說南天門處，有一藍色綢旗從天而降。他走進屋內，但見嬰兒剛剛降生，好不喜歡。於是，起名光悌。少年時的光悌，才思敏捷，聰明過人。

七八歲時，一次放學回家，在路上玩耍，遇見了先生，慌忙起身問候。先生並不答話，順口出了一聯說「閒時蹲狗洞。」光悌知道先生一則訓斥他，二則考考他，便隨口答道：「有日跳龍門」。先生見光悌出口不凡，於是更加督促他刻苦學習，到了十二歲，他已經學完了《四書》、《五經》，並能自讀司馬遷的《史記》。

附近鄉里，有個不愛學習、喜歡吃喝玩樂、比光悌大六歲的老童生，幾次鄉試都名落孫山。一日，老童生來找金光悌玩耍，光悌婉言謝絕。老童生說道：「你的才學過人，何苦如此用功？」光悌此時正在讀《史記》中的〈陳涉世家〉，便借用陳勝的話回答說：「燕雀安知鴻鵠之志哉！」老童生自感沒趣，灰溜溜地走了。自此以後，他常常在自己家附近的一片桃林中潛心攻讀，他感到桃林很美，有如陶潛先生筆下的「桃花源」，他也時時自比「桃源小隱士」。有一天，父親的朋友路過這裏，見光悌獨坐桃林，手托書簡，朗聲閱讀，心裏暗暗稱讚，不禁信步走到他身邊，觸景生情，說出一聯：「彎桃樹開紅花，幾時結果？」光悌抬頭一看是父親的好友，連忙起身施禮回答說：「橫竹根報直筍，一月成林。」那人見光悌對答如流，無比感慨地說：「真是後生可畏！」

光悌十四歲到縣城考試，與蓮花山的一個名叫黃唐的童生爭執，鬧到縣衙。知縣是一個治學嚴謹的人，很重視人才，一聽這事，便親自出面，將金光悌和黃唐傳上公堂，出上一聯，限二人對答。上聯是：「羊角尖高，觸破青天，誰人補？」金光悌微微一笑，不假思索，出口對答：「牛欄石大，踏穿黃土，我來填。」

知縣見金光悌語出驚人，不禁拍案叫絕。那個黃唐呢，見光悌出口不凡，自慚形穢，慌忙溜之大吉。自此以後，光悌更加用功讀書，每次應試都名列前茅。

乾隆三十三年，金光悌考中舉人，由舉人加官任內閣中書。乾隆四十五年中進士，擔任宗人府主事。後升遷為刑部員外郎。乾隆五十五年，被起用為四品京堂。嘉慶七年，被授予山東按察使。嘉慶十四年，升任刑部尚書。

金光悌為官，從首任清廷內閣中書算起，歷經十六任，直至刑部尚書，皇封光祿大夫，一品正卿。一生主要在清廷刑部任職，並主持刑部二十餘年，是清朝管理刑部事務最久的重臣，深得乾隆、嘉慶兩代皇帝的器重。

金光悌勤政愛民，造福一方。在仕途生涯中，曾在廣東、浙江、山東和江西等地任職，除了治獄斷案以外，在政務上勤政愛民、造福一方的才幹也得到了充分體現。在山東按察使和布政使任上，他不負眾望，很有政績，把許多歷史遺留的棘手問題徹底解決，出現了政通人和的局面。在任江西巡撫時，他千方百計救濟難民幾萬人，表現出勤政愛民的崇高品質。

金光悌甘於淡泊，清廉自律。雖然官高位顯，但他一生淡泊名利，為官清廉，嚴於律己。在任侍郎時，嘉慶皇帝就有金光悌決無犯贓事的褒獎。

嘉慶四年正月初三，八十九歲的乾隆皇帝壽終正寢，和珅的靠山倒了。當天，嘉慶皇帝任命和珅與睿親王等一起總理喪儀大事，並召朱珪迅速回京。正月初四，嘉慶譴責在四川鎮壓白蓮教的將帥冒功請賞，並解除對這件事負主要責任的和珅與福長安的軍機大臣職務，命他們晝夜在大內守靈，隔斷了他們與外界的聯繫。正月初五，官員紛紛上書，彈劾和珅弄權舞弊，犯下大罪。正月初六，嘉慶進行人事調整。正月初八，嘉慶命令上奏檔直接送給他，軍機處不得抄錄副本。正月初九，在公佈乾隆遺詔的同時，嘉慶宣佈革除和珅、福長安職務，交由刑部，並命查抄和珅家產。正月十一，嘉慶宣佈和珅的二十大罪狀，並要各省督撫表態。一七九九年，和珅以「二十大罪」被賜白練一條自盡而死。從始至終，都是金光悌主審和珅貪污案，和珅曾託人深夜送金八千，想要說情免罪，光悌嚴詞拒絕，終使和珅伏法。金光悌享有「清代包公」的美譽，他治事、治獄堅持正義，明鏡高懸，是一個奸佞懼怕的鐵腕人物。這些驚天壯舉正是反映了他的人生理念，表現了他剛正不阿、疾惡如仇的高尚情懷。

清嘉慶十七年十二月二十日卯時，一代忠臣金光悌因積勞成疾卒於任上，享年六十五歲。遺體由朝廷恩准，輾轉千里送回故鄉，葬於英山縣金家鋪鎮金家沖村鳳翅垸。

專家品析

金光悌，很多人並不太了解，在史書中，關於他的事蹟介紹的也很簡單。但說起與他同時代的大奸臣、大貪官和珅，則幾乎無人不知，而審判和珅貪污案的主審官，就是金光悌，人稱「清代包公」。

金光悌一生為官剛正不阿被人們廣為歌頌，至今仍是安徽一帶流傳最廣、影響最大的歷史名人。金光悌是反腐敗英雄，曾譽稱清代

「包公」。他主審和珅貪污大案而名揚天下，他是清廉之官，一生青史留名。

政治主張或政論著作

金光悌是反腐敗英雄，曾譽稱清代「包公」。其主審和珅貪污大案而名揚天下，是清廉之官，青史留名。他治事、治獄堅持正義，明鏡高懸，是一個奸佞懼怕的鐵腕人物。這些驚天壯舉正是反映了他的人生理念，表現了他剛正不阿、疾惡如仇的高尚情懷。

46 治學論道經，持家教子術

——曾國藩．清

生平簡介

姓　　名　曾國藩。

別　　名　曾剃頭、曾伯函。

出 生 地　湖南長沙。

生 卒 年　公元一八一一至一八七二。

身　　份　兩江總督、直隸總督。

主要成就　宣導洋務運動，創立湘軍，在治家、治軍、治國、教育等方面都有重大建樹。

名家推介

曾國藩（公元 1811-1872），伯涵，號滌生，諡文正，漢族，湖南省長沙府湘鄉縣（今湖南省婁底市雙峰縣）人。晚清重臣，湘軍的創立者和統帥。清朝軍事家、理學家、政治家、書法家、文學家，晚清散文「湘鄉派」創立人。他一生宣導洋務運動，創立湘軍，在治家、治軍、治國、教育等方面都有重大建樹，官至兩江總督、直隸總督、武英殿大學士，封一等毅勇侯。

名家故事

曾國藩自幼天資聰明，勤奮好學，道光十二年考取秀才，道光十八年殿試考中進士，從此之後，他一步一階地踏上仕途之路，並成為軍機大臣穆彰阿的得意門生，在京城十多年，先後任翰林院庶起士，升遷侍讀，侍講學士，文淵閣值閣事，內閣學士，稽察中書科事務，禮部侍郎及署兵部、工部、刑部、吏部侍郎等職，曾國藩就是沿著這條仕途之道，步步升遷到二品官位，十年七遷，連躍十級。

咸豐二年，太平天國的起義席捲半個中國，盡管清政府從全國各地調集大量八旗、綠營官兵來鎮壓太平軍，可是這支腐朽的武裝不堪一擊。因此，清政府屢次頒發獎勵團練的命令，力圖利用各地的地主武裝來遏制太平天國勢力的發展，這就為曾國藩的湘軍的出現提供了機會。咸豐三年，憑藉著清政府給予尋求力量鎮壓太平天國的時機，他因勢在家鄉湖南一帶，依靠師徒、親戚、好友等複雜的人際關係，建立了一支地方團練，稱為湘勇。一八五四年二月，通過訓練後的湘軍傾巢出動，曾國藩發表了〈討粵匪檄〉。

曾國藩知人善用，並以身作則遵守軍紀，湘軍在軍事素質落後的清朝武裝力量中，成為中國南方地區與太平軍作戰的主力之一。曾國藩被封為一等勇毅侯，成為清代以文人而封武侯的第一人，後歷任兩江總督、直隸總督，官居一品。一八六四年，湘軍在他的弟弟曾國荃的率領下攻下天京，成為鎮壓太平天國的功臣。

鎮壓太平天國後，曾國藩麾下湘軍已達十餘萬人，有部下曾進言，勸他借此時的威望武力達到頂峰時擁兵自立。從當時的實力對比看，曾國藩確實有問鼎之力，但清廷已經非常提防他，另外他個人一直是忠於清朝的，而且他一貫謹慎有餘，魄力不足。從局勢上看，當時天下剛遭受完兵災，民心未必可用，相當一部分人對於清廷仍抱有幻想，客觀局面也不允許他自立，後來他解散湘軍向清廷表明自己毫無野心的意思。

太平天國失敗後，太平軍在江北的餘部與捻軍會合，清廷命曾國藩督辦直隸、山東、河南三省軍務。他帶領湘軍二萬、淮軍六萬，配備洋槍洋炮，北上「剿捻」，提出「重點設防」等計畫，想把捻軍阻擊在運河、沙河地區，使捻軍無處可逃，然後加以消滅。但是捻軍突破了曾國藩的防線，進入山東，戰略計畫全部破產，曾國藩被免職，由李鴻章接代。

同治九年九月，正在直隸總督任上的曾國藩奉命前往天津辦理天津教案。當時，天津數千名群眾因懷疑天主教堂以育嬰堂為幌子拐騙人口、虐殺嬰兒，群集在法國天主教堂前面。法國領事豐大業認為官方沒有認真鎮壓，法國人持槍在街上碰到天津知縣劉傑，因發生爭執開槍射擊，當場擊死劉傑僕人一人，民眾激憤之下，先殺死了法國駐天津領事豐大業及其秘書西門，之後又殺死了十名修女、兩名神父、另外兩名法國領事館人員、兩名法國僑民、三名俄國僑民和三十多名中國信徒，焚毀了法國領事館、望海樓天主教堂以及當地英美傳教士開辦的四座基督教堂。事件發生後，英、美、法等國聯合提出抗議，並出動軍艦逞威。曾國藩到天津後，考慮當時局勢，不願與法國人開戰，在法國的要求下，商議決定最後處死為首殺人的十八人，充軍流放二十五人，並將天津知府張光藻、知縣劉傑被革職充軍發配到黑龍江，賠償外國人的損失四十六萬兩白銀，並派使團到法國道歉。這個交涉結果，朝廷人士和民眾輿論都很不滿，使曾國藩的聲譽大受影響，引起全國朝野的唾罵，連他的湖南同鄉也把他在湖廣會館誇耀他功名的匾額砸爛焚毀。

同治十一年二月，曾國藩在南京病逝。朝廷贈太傅，死後被謚「文正」。他一生著述頗多，但以《家書》流傳最廣，影響最大。光緒五年，也就是曾國藩死後七年，傳忠書局刻印了由李瀚章、李鴻章編校的《曾文正公家書》。

專家品析

曾國藩作為一個政壇上的大人物，區別於其他政治家或者政客一個最為顯著的地方，就是他在建功立業的過程中，非常注重完善自身價值的修煉，同時又以人格修煉的完善來促進事業功勳的建立。這一點在中國歷史上的政治人物中是很少有的。作為一個時代非常優秀的人，他也有自己人性的一面，當被太平軍打敗之後，曾先後兩次跳江自殺。當他失敗的時候，也受到當朝人的嘲笑，自尊心受到很大的傷害，後來的成功都是在他前面失敗的基礎上累積起來的。

政治主張或政論著作

修身、齊家、治國、平天下集一身，曾國藩成為中華千古第一人，中國自古就有立功（完成大事業）、立德（成為世人的精神楷模）、立言（為後人留下學說）「三不朽」之說，而真正能夠實現者卻寥寥無幾，曾國藩就是其中之一。

47 朝三代帝師，清四朝文臣

——祁寯藻．清

生平簡介

姓　　名　祁寯藻。
別　　名　叔穎、淳甫、觀齋、息翁。
出 生 地　湖南長沙。
生 卒 年　公元一七九三至一八六六。
身　　份　三代帝師、四朝文臣。
主要成就　祁藻的傳世之作有《谷曼谷九亭集》、《館課存稿》、《勤學齋筆記》、《馬首農言》、〈藍公教織歌〉等。

名家推介

祁寯藻（公元 1793-1866），字叔穎、淳甫，號觀齋、息翁，山西壽陽縣平舒村人。祁寯藻從二十一歲中進士到七十二歲幾十年間，曾官任翰林院庶起士、翰林院編修、湖南學政、文淵閣校理、光祿寺卿、內閣學士兼禮部侍郎銜、兵部侍郎、兵部尚書、戶部尚書、體仁閣大學士等職。

後世稱他「三代帝師（道光、咸豐、同治）」、「四朝文臣（嘉慶、道光、咸豐、同治）」、「壽陽相國」。他一生為官忠誠正直，勤政愛民，舉賢薦能，政績卓著，對大清政治有深刻影響。

名家故事

祁寯藻二十二歲以第二名高中榜眼，因為父親祁韻士監督寶泉局庫虧銅失察案牽連，被削為一般翰林，盡管這樣，他深為嘉慶皇帝賞識。嘉慶皇帝也算是心細之人，早有心測試祁寯藻博學能否致用。一日散朝，唯獨留祁寯藻在朝，皇上問：「素聞愛卿多才多藝，今煩勞先生在一寸的木頭上做一幅書畫，三日期限。此等雕蟲小技，愛卿不要推卻。」祁寯藻從太監手中接過兩塊一寸見方的檀香木，一塊要書上一萬個字，一塊要畫上一萬頭駱駝。祁寯藻先是一驚，然後定了定神道：「臣遵旨。」欣然領命退朝。眼看三天限期已到，第三天退朝時候，只見祁寯藻手捧兩塊檀香木跪在龍帳前說：「啟奏吾皇萬歲，不才書畫已完成，請萬歲過目。」這時，走過一位太監從祁寯藻手中將兩塊方木呈給嘉慶帝觀看。只見一塊上面寫著「一而十，十而百，百而千，千而萬」整十二個字。嘉慶帝心想：這話出自《三字經》，用於此，足抵萬字。他又看了看另一塊，只見上面畫了一座大山，山這邊畫了一個駱駝腦袋，山那邊畫了一條駱駝尾巴。便問：「祁愛卿，怎麼看不到萬頭駱駝呢？」「稟萬歲，其餘都在山後行走呢。」這時，只見嘉慶帝大喜道：「好！寫得好！畫得妙！」

道光元年，祁寯藻受命在南書房任職，為新皇帝道光講學。一日上完課，祁寯藻手持竹籃走出南齋，道光帝見狀不解地問：「先生去幹什麼？」祁寯藻道：「臣去街市為老母買些東西，順便要人捎給母親。」道光帝又問道：「為何只說買東西，不說買南北？」祁寯藻笑道：「按五行學說，東方屬木，西方屬金，南方屬火，北方屬水，有東方甲乙木、西方庚辛金、南方丙丁火、北方任癸水之說，這竹籃可裝金木，怎麼能裝水火，因此凡是物品都叫它東西。」道光帝聽了頓悟，暗暗佩服祁寯藻學識廣博。

祁寯藻在京城收到家書一封，信裏告鄰居打牆多占了一步寬地基，為此事求祁大人做主。時隔不久，本家接到祁寯藻的回信，只見信中寫了這樣四句話：「千里捎書為堵牆，讓人一步有何妨？古修長城今還在，不見當年秦始皇。」那本家看了祁大人的書信自慚形穢，這場官司不打自消了。

一日早朝完畢，清宣宗道光便與文武大臣們閒聊起來，問群臣道：「眾位愛卿，你們說這世上什麼為高，什麼為低，何為東，何為西？」這時，站出一大臣說：「稟萬歲，這黃瓜高、茄子低、東瓜東、西瓜西。」他這樣一說，眾人聽了都覺得也是。但總覺得品位有些低。道光皇帝見再無人發言，於是指著祁寯藻道：「祁愛卿你有何高見？」祁寯藻見宣宗問他，於是站出來答道：「君為高，臣為低，文站東，武站西。」道光聽了，臉上出現了笑容，誇讚道：「祁愛卿論說典雅，等級分明。」此時，那先發言的大臣臉紅發燒，眾人暗贊祁大人學識非同一般。

咸豐二年的一天，祁寯藻陪咸豐皇帝到京都八景之一的盧溝橋賞景，路上人群如潮，絡繹不絕。見此情景，咸豐帝開玩笑地問：「先生，你看這橋上人熙熙攘攘，摩肩接踵，你能猜出一日內橋上有多少人過往嗎？」祁寯藻隨即答道：「只有兩個人。」「先生何出此言？」祁寯藻道：「一個是圖名的，另一個是圖利的。」咸豐聽了點頭稱是。

祁寯藻一生在政治上有三件大事對後世的影響巨大。一是鴉片戰爭時期，支持林則徐禁煙主戰，並和黃爵滋視察福建海防和禁煙，後來林則徐被罷官時，投降派力主要殺林則徐，祁雋藻則拼死力諫，為林則徐說話。二是做同治小皇帝的老師時，向他講述民貴君輕的思想，希望皇帝做個愛民親民的堯舜之君，誰料竟被慈禧罷官。三是全心全意為老百姓著想，力主減輕稅賦。在他任首席軍機大臣後，仍管理戶部，在他的主持下，僅在咸豐元年一年的時間裏，就全部赦免了道光二十年至三十年的全國所有民間積欠的各種稅收，共計白銀二千萬兩、糧食三百萬石，有效地減輕了百姓的負擔。

祁雋藻作為封建時代的官員，卻具有很強的民本思想。他認為，朝廷上不管做什麼，都要從天下百姓的安寧考慮。所以朝廷上若有對民不利的弊端，便上書直諫；災民騷亂，他不惜性命去勸阻；太平天國起義，他極力阻止武力鎮壓，而要朝廷自省。他曾極力在北方廢除苛政，減輕對貧苦百姓的壓迫，努力改善民生。祁雋藻也反對曾國藩以個人之力組建湘軍，參與清廷與太平天國的戰爭。他認為如果開了這樣的先例，誰都可以打著同樣的旗號興兵，國家將再無寧日，最後遭殃的仍是天下萬民。

作為一個真正的讀書人，祁雋藻的思想還是務實超前的，他曾潛心研究農事，著就一本《馬首農言》，用以指導農耕。

專家品析

祁雋藻居官五十餘載，對清王朝忠心耿耿，做了許多有益於國家和百姓的事。祁雋藻不僅政績卓著，而且能詩善文、精於書法、勤於著述。他雖然身居高官，但不忘鄉土，每次回返故里總是平易近人，故口碑甚好，流傳有許多淳樸愛民的故事。

祁寯藻為清朝期間著名政治家、文學家和書法家，親歷鴉片戰爭前、中、後三個動盪時期。在那段歷史歲月裏，這位山西大儒從少年到老年，從文弱書生到正義老者，一生經歷了嘉慶、道光、咸豐、同治四朝天子，命運大起大落，卻堅持不懈地探索，竭力展現中國傳統政治文化中的民本主義精神和治國理念。他始終保持著古代文人忠清亮直的高貴品格，不惜出生入死，為民請命，演繹出一代山西大儒的傳奇人生！

政治主張或政論著作

祁寯藻的《馬首農言》，這部系統論述一個地區農業生產的優秀著作，不僅在清末民初廣為傳閱，而且對現代的農業生產和農業史研究，都有著重要的借鑒價值。

48 虎門銷菸功，民族英雄魂

——林則徐・清

生平簡介

姓　　名	林則徐。
別　　名	林元撫。
出 生 地	福建侯官（今福建省福州市）。
生 卒 年	公元一七八五至一八五〇。
身　　份	湖廣總督。
主要成就	虎門銷菸、鴉片戰爭，留有作品：《試帖詩稿》、《使滇吟草》、《拜石山房詩草》、《黑頭公集》等。

名家推介

林則徐（公元 1785-1850），福建侯官（今福建省福州市）人，字元撫。是清朝後期政治家、思想家和詩人，是中華民族抵禦外辱過程中偉大的民族英雄，主要功績是虎門銷菸。

他曾任江蘇巡撫、兩廣總督、湖廣總督、陝甘總督和雲貴總督，兩次受命為欽差大臣。因他主張嚴禁鴉片在中國的貿易，抵抗西方的侵略，堅持維護中華民族主權完整和維護民族利益，深受全世界中國人民的敬仰。史學界稱他為「近代中國睜眼看世界的第一人」。

名家故事

嘉慶十一年，林則徐在廈門擔任一名小官，專門負責往來外國商船的數目和管理記錄。那時廈門的走私鴉片問題嚴重，歷任廈門海防官吏都貪贓枉法，外商賄賂成風，無人打擊走私鴉片，林則徐看到鴉片帶給中國人的嚴重危害，暗暗發誓窮其一生為禁止鴉片而奮鬥。

嘉慶十六年，林則徐考中進士，被選為翰林，正式開始了入仕為官生涯。在京師為官七年，他立志做一個濟世匡時的正直官吏，並希望在為百姓謀取福利方面做出一些成就。他廣泛搜集元、明以來幾十位專家關於興修水利的奏疏、著述，寫了《北直水利書》。嘉慶二十五年，林則徐到浙江做官，積極選拔人才，建議興修海塘水利很有作為，受到了當地百姓的高度贊許。

嘉慶駕崩後，道光皇帝繼位。考察了他在浙江一帶為官的政績，林則徐受到道光皇帝的寵信，提升為江蘇按察使，在任上，他整頓吏治、清理積案、平反冤獄，並把鴉片毒害視為社會弊端加以嚴禁。道光十二年，被調任江蘇巡撫，一直到道光十六年，他對農業、漕務、水利、救災、吏治各方面都做出突出成績，尤重提倡新的農耕技術，推廣新農具，林則徐這種農耕思想，是在實際考察中體驗出來的，在當地農業生產中，發揮了巨大的作用。道光十七年正月，他升任湖廣總督，面對湖北境內每到夏季大河氾濫成災，危害了百姓利益等情況，果斷採取措施，提出「修防兼重」，使「江漢數千里長堤，無一處漫口」。可見，他對保障江漢沿岸州縣百姓生命財產安全，做出了不可磨滅的貢獻。

道光十八年十一月，林則徐受命為欽差大臣，前往廣東禁煙，正式拉開了虎門銷煙的序幕。道光十九年六月三日，廣東虎門外灘，四面八方來圍觀的百姓人山人海。午後二時，神情剛毅的林則徐，在廣東巡撫怡良等人的陪同下登上禮臺，遙望南天，心潮澎湃，在人聲鼎沸的虎門莊嚴下令銷煙。頓時，隆隆的禮炮聲威震海空，站在兩個銷煙池旁的綠營兵丁們忙碌起來。先是從後面水溝裏把水引入銷煙池內，撒入食鹽，使池水成為鹽鹵，然後把一箱箱的鴉片運到池邊，打開箱蓋，將鴉片切開搗碎投入池中，浸泡了一些時候，再撒下石灰。頃刻間，鹽鹵沸騰起來，濃煙滾滾，升入天際。兵丁們站在跳板上，手拿鐵鋤木耙來回翻攪，使鴉片完全消溶，等到海水退潮時，打開銷煙池前面的涵洞，使銷溶後的鴉片隨著浪花沖入大海。在涵洞上還裝著網篩，防止未銷溶的大塊鴉片流出。全部鴉片銷溶後，還用清水刷滌池底，不留點滴菸灰。百姓看到這情景，個個揚眉吐氣，人群中爆發出雷鳴般的歡呼聲。從六月三日到二十五日，二十餘天中共銷毀鴉片一九一七九箱、二一一九袋，共計二三七六二五四斤。

林則徐在廣東一邊禁菸，一邊積極備戰，修建炮臺，招募水勇。英軍挑起九龍炮戰和穿鼻洋海戰。林則徐親赴前線佈防，督師幾次打敗英軍。道光十九年十一月，遵照道光皇帝的旨意，林則徐下令停止中英貿易。十二月，林則徐被命為兩廣總督，此時他已覺察英國正蓄意發動侵華戰爭，把所得西方消息五次奏請道光皇帝，同時命令沿海各省備戰，以抗擊英國軍隊的大規模入侵。

道光二十年六月，第一次鴉片戰爭開始，英軍首先進攻廣州、福建，被林則徐等抗擊，無功而返。於是，改道進攻浙江，接著攻陷定海，沿海向北入侵天津大沽口。道光皇帝驚恐，和英國人求和，將戰爭的開端歸罪於林則徐在廣東「辦理不善」，屢次下旨斥責，林則徐被革去四品卿銜，從重懲處，充軍新疆伊犁。

道光二十一年十一月初九，林則徐到達新疆。他不顧年高體衰，從伊犁到新疆各地實地勘察了南疆八城。同時，他發現沙俄對中國的威脅，促成了他抗英防俄的國防思想，成為近代「防塞論」的先驅。林則徐根據自己多年在新疆的考察，結合當時沙俄脅迫清廷開放伊犁，指出沙俄威脅的嚴重性。

道光二十五年，林則徐被重新起用，任陝甘總督，次年轉任陝西巡撫，道光二十七年，升任雲貴總督。曾先後平息鎮壓西北、西南民族衝突和人民起義，整頓雲南礦政，道光二十九年，因病辭職回到原籍福建。

道光三十年，清政府為進剿太平軍，任命他為欽差大臣，督理廣西軍務。在赴任途中，林則徐病故於潮州普寧，終年六十六歲。

專家品析

林則徐一生為官整頓吏治，嚴懲貪贓枉法。「要正人，先正己」、「身教重於言教」，林則徐十分注意嚴格要求自己，事事以身作則，處處為人表率。他辦事兢兢業業，是當時官場中最廉明能幹、正直無私、受群眾擁戴的好官。

林則徐一生，最偉大的功績是領導了中國歷史上轟轟烈烈的禁煙運動——虎門銷菸，指揮了抗英鬥爭，維護了國家主權和民族的尊嚴，成為中國近代史上一位民族英雄和偉大的愛國者。

政治主張或政論著作

林則徐「十無益」：

一、存心不善，風水無益。

二、父母不孝，奉神無益。

三、兄弟不和，交友無益。

四、行止不端，讀書無益。

五、做事乖張，聰明無益。

六、心高氣傲，博學無益。

七、時運不濟，妄求無益。

八、妄取人財，佈施無益。

九、不惜元氣，醫藥無益。

十、淫惡肆欲，陰騭無益。

參考文獻

劉淑英：《中國古代政治家》（北京市：北京科學技術出版社，1995年）

張傳開：《以德治國——歷代先賢啟示錄》（南京市：南京大學出版社，2001年）

李桂海：《中國歷代名臣》（鄭州市：河南人民出版社，1987年）

王榮科：《十大政治家》（南京市：南京大學出版社，2000年）

蘇希勝：《論「以德治國」》（北京市：國防大學出版社，2001年）

昌明文庫．悅讀人物　A0603001

中華五千年政治家評傳

主　　編　曲相奎
責任編輯　蔡雅如

發 行 人　陳滿銘
總 經 理　梁錦興
總 編 輯　陳滿銘
副總編輯　張晏瑞
編 輯 所　萬卷樓圖書股份有限公司
排　　版　菩薩蠻數位文化有限公司
印　　刷　百通科技股份有限公司
封面設計　曾詠霓

出　　版　昌明文化有限公司
桃園市龜山區中原街 32 號
電話 (02)23216565
發　　行　萬卷樓圖書股份有限公司
臺北市羅斯福路二段 41 號 6 樓之 3
電話 (02)23216565
傳真 (02)23218698
電郵 SERVICE@WANJUAN.COM.TW
大陸經銷
廈門外圖臺灣書店有限公司
　電郵 JKB188@188.COM

ISBN 978-986-93560-1-5
2016 年 8 月初版
定價：新臺幣 380 元

如何購買本書：

1. 劃撥購書，請透過以下郵政劃撥帳號：
   帳號：15624015
   戶名：萬卷樓圖書股份有限公司
2. 轉帳購書，請透過以下帳戶
   合作金庫銀行 古亭分行
   戶名：萬卷樓圖書股份有限公司
   帳號：0877717092596
3. 網路購書，請透過萬卷樓網站
   網址 WWW.WANJUAN.COM.TW

大量購書，請直接聯繫我們，將有專人為您服務。客服：(02)23216565 分機 10

如有缺頁、破損或裝訂錯誤，請寄回更換

國家圖書館出版品預行編目資料

中華五千年政治家評傳 / 曲相奎主編. -- 初版. -- 桃園市 : 昌明文化出版 ; 臺北市 : 萬卷樓發行, 2016.08
　面；　公分. -- (昌明文庫.悅讀人物)
ISBN 978-986-93560-1-5(平裝)
1.政治 2.傳記 3.中國
782.21　105015449